最高の働きがいの創り方

三村真宗

技術評論社

Great Place to Work® Institute Japanは、
株式会社働きがいのある会社研究所(東京都品川区)が
Great Place to Work® Institute(米国)よりライセンスを受け、
日本における「働きがいのある会社」ランキングの
運営をおこなっている調査機関です。

はじめに 最悪の状況から、いかにして「働きがいのある会社」になれたのか

2018年2月9日、Great Place to Work® Institute Japan（以下、GPTW）が、2018年版、第12回、日本における「働きがいのある会社」ランキングを発表しました。ここで、従業員100人から999名の中規模部門で第1位となったのが、私が社長を務めている株式会社コンカーです。コンカーは、2015年以来、一定の基準以上の評価を得られた企業に贈られるベストカンパニーに3年連続で選出されていましたが、1位を取ったことで、「この会社はいったい何の会社なんだろう」と思われた方も少なくなかったようです。

コンカーは、〝コンカーエクスペンス〟〝コンカートラベル〟など、クラウドによる出張・経費管理ソリューションを提供しているIT企業です。本社であるコンカー・テクノロジーズは米国のシアトル郊外にあり、その日本法人である株式会社コンカーは2010年に設立されました。2014年にはドイツの世界的なソフトウェア会社SAPに経営統合され、現在はSAPグループの一員でもあります。当時、その買収金額は、SAPとし

ては過去最大の規模にのぼりました。

コンカーは、日本市場で創業以来、年平均96％という驚異的な成長を遂げてきました。これは、コンカーの世界市場の中で歴史的に見ても最速。現在では、ヨーロッパの主要国を抜いて、米国に次ぐ世界第2位の規模になっており、コンカー全体の成長の牽引役となっています。外資系ソフトウェア企業の日本市場からの営業的な貢献は近年3〜5％程度と言われている中で、コンカーでは日本市場が12％もの貢献を果たしています。コンカーの日本法人は、コンカー本社が世界中で最も業績が優れている市場に対して与えられるマーケットオブザイヤー賞を２０１６年、２０１７年と2年連続で受賞しましたが、２年連続の受賞は、賞の創設以来、はじめてのことでした。

２０１４年からの3年で、売上は７・６倍に成長。国内の経費精算市場全体では40・３％、ＳａａＳ型（クラウド）では50・5％という圧倒的なシェアを獲得しています（ＩＴＲ「ＩＴＲ Ｍａｒｋｅｔ Ｖｉｅｗ：予算・経費・就業管理市場２０１８」売上金額シェア２０１７年度予測）。利用企業には、トヨタ自動車、野村證券、三井物産、ファーストリテイリング、ＫＤＤＩ、ＬＩＸＩＬ、花王、キリン、任天堂など、日本を代表する企業がずらりと並んでおり、日本の時価総額トップ１００企業における普及率は、日本進出からわずか8年で37社（２０１８年7月時点）。じつに国内トップ企業の４割弱の企業が、コンカーを使って経費精算や出張業務をおこなっています。普及スピードは年々加速しており、２０２２年には国内のトップ企業の7割への導入も視野に入ってきました。

さらに2017年以降、大手企業にフォーカスしていた従来の戦略を転換し、中堅中小市場にも新たに参入。祖業の経費精算に加え、請求業務、出張業務といった間接業務のデジタル化を幅広く展開しています。


なぜコンカーの日本法人が、このような成長を遂げることができたのか。その背景としてまちがいなく言えるのが、日本における「働きがいのある会社」になれたことだと私は考えています。

私は、「人材こそ最大の経営戦略」という経営方針のもと、人を大切にする経営を徹底してきました。情報を公開する。建設的なフィードバックをし合う。採用を厳選する。フェアな人事制度を作る……。

何より私が目指したのは、いい文化を作ることでした。社員同士が「高め合う」文化を持つ企業です。それが、社内に心地よい雰囲気を生み出し、さまざまな仕組みや制度と結びつくことによって、日本における「働きがいのある会社」ランキング第1位という結果、さらには現在の驚異的な業績の成長につながったのだと考えています。

しかし、会社設立後、私がコンカーの最初の社長として就任した2011年からの1年間、コンカーは今とはほど遠い状況でした。社内にはオープンマインドはなく、「情報を手放すと自分のバリューが下がる」という一部の社員の考え方から、情報はまったく共有されない。だれもが疑心暗鬼になるような状況でした。一部の社員同士はいがみ合いから、怒声を飛ばし合うこともありました。

当初、さまざまな立ち上げ業務に追われていた私は、正しい人を採用し、正しい文化を築くような余裕がありませんでした。「とにかく即戦力を取らねば」と自分なりの吟味もせずに採用を推し進め、結果として「自分の結果だけ出せばいい」といった殺伐とした雰囲気が蔓延してしまいました。到底、働きがいどころではありません。

この状況から、いかにしてコンカーを「働きがいのある会社」へと変えていくことができたのか。それをお伝えしたくて、本書は生まれました。なぜなら、多くの会社に「働きがいのある会社」になってほしいから。それが、そこで働くビジネスパーソン1人ひとりのやりがいと幸せにつながり、そしてそのことが会社の成長にまちがいなくつながるからです。

「働きがいのある会社」の実現を目指す経営者や組織のリーダーやその予備軍の中堅、若手のビジネスパーソンにとって、本書が少しでもヒントになることを願いながら、コンカーの数々の取り組みや、その背後に流れる考え方をお伝えしていきたいと思います。

序章　SAP、マッキンゼー、そして失敗から学んだ組織の法則

第1章

最高の働きがいは企業文化の醸成から生まれる

第2章　戦略の可視化・実行

社員に高い視座を持ってもらい、
最高のパフォーマンスを発揮できるようにする

第3章 モニタリング・フィードバック

良いことも悪いこともきちんと受け止め、次の一手を打つ

第4章

認知・感謝

貢献を目に見える形にして、全員で共有する

第5章 連帯感・コミュニケーション

タテ・ヨコ・ナナメで双方向のつながりを強める

第6章 人材採用

採用率3％に厳選し、会社に溶け込んでもらい、辞めない仕組みを作る

第7章

人材開発

長期の視点でキャリアを作ってもらう制度を作る

第8章

人材評価

納得感を最大化し、目立たない努力に目を配る

第9章 働きやすさ

「ワークライフバランス」と多様性に配慮し、休みが取りやすい、柔軟に働ける仕組みを作る

序章

SAP、マッキンゼー、そして失敗から学んだ組織の法則

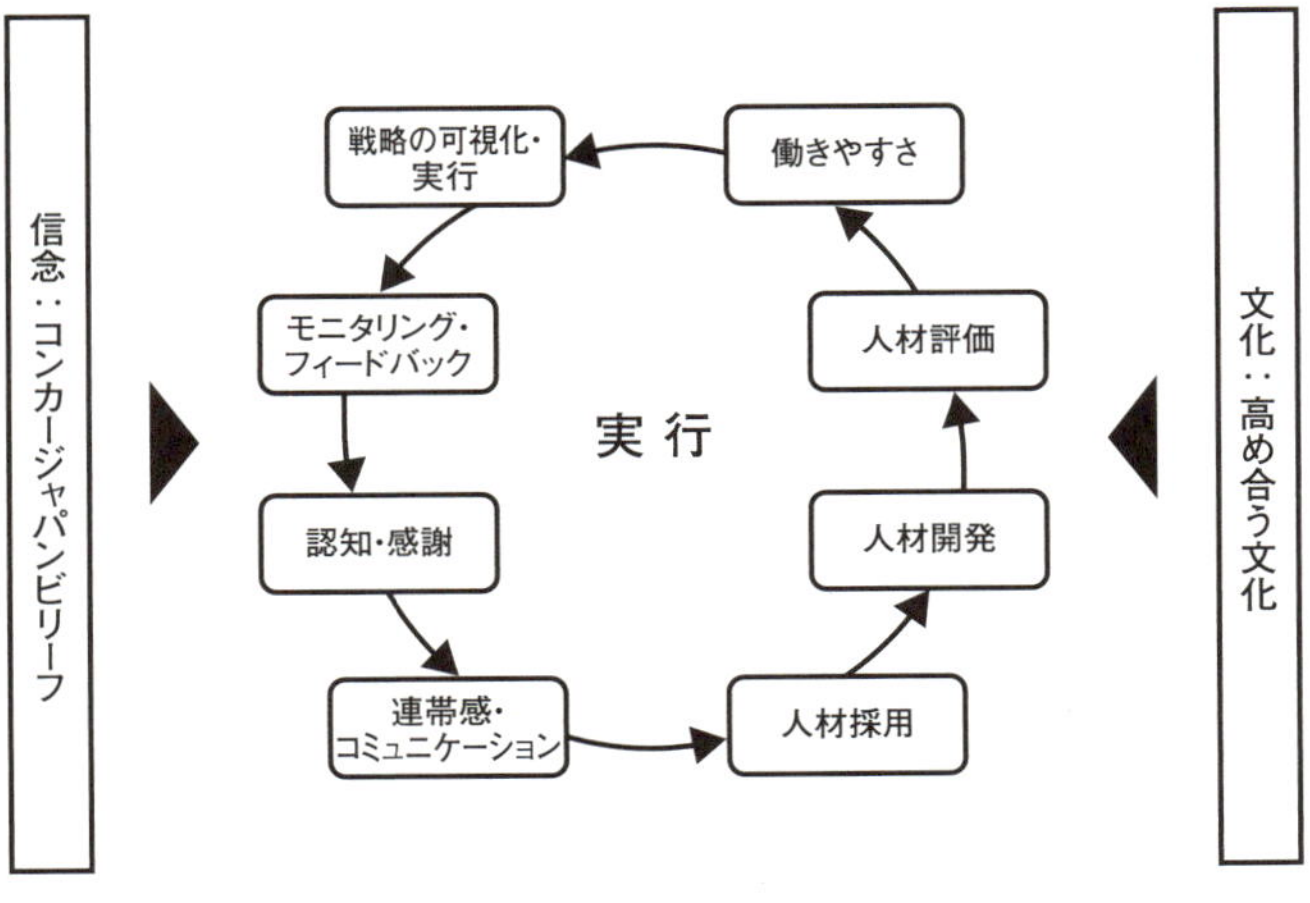

「終身雇用は絶対に終わる」と思ったから創業まもない外資系日本法人へ

コンカーがいかにして「働きがいのある会社」へと生まれ変わったか。その話をする前に、少しだけ私のことを知っていただくと、より理解が深まると考えています。まずは、自己紹介をさせてください。

私は1993年、大学を卒業後、創業メンバーの1人として、また新卒社員の第1号として、SAPジャパン株式会社に入社しました。SAPジャパンには2006年までの13年間務め、その5年後の2011年にコンカーの日本法人の社長になりました。SAPは今、コンカーの親会社にあたりますが、これはまったくの偶然です。コンカーの社長に着任して3年後の2014年、経営統合によりコンカーがSAPの傘下に入ることになりました。SAPによる買収の決定を知った時、「人生何が起こるかわからない」と思ったものです。

今ではマイクロソフト、オラクルに次ぐ世界第3位のソフトウェア企業として、日本でもよく名前が知られるようになったSAPですが、私が入社したのは、日本法人の創業期。内定をもらった1992年の夏の時点では、日本では法人の登記すらされておらず、だれもその名前を知らない状況でした。

当時、周囲の大学の友人たちは、当たり前のように銀行や商社、生損保など日本の大企業への就職を目指していました。しかし、私の中にその意識はありませんでした。「終身雇用は絶対に終わる」と予感し、だから、企業に己のキャリアを委ねる「就社」ではなく、どこでも通用する自立したビジネスマンを目指したい、と考えたのでした。

会社に身を委ねず、自分の力で生き抜く。そうなると、おのずとその対象は、終身雇用感の強い日本企業ではなく、実力主義の外資系へと絞りこむことになりました。当時、大学の友人でスタートアップや外資系企業をあえて選ぶ学生はほとんどいない。まわりの友人に、私の就職観はまったく理解されませんでした。

人材が少ない会社に行ったほうが責任ある仕事を任せてもらえる

結果的に、投資銀行、製薬会社、コンサルティングファーム2社、そしてSAPから内定をもらいました。すべて外資系です。まだ日本進出前のSAPへの入社を最終的に決断したきっかけは、コンサルティングファームのパートナー(役員)との最終面接での会話でした。

聞いてみると、コンサルティングファームでも入社して数年間の仕事は業務のコンサルテーションではなく、プログラムのバグ出しのような仕事が多いよ、と。また、そのパートナーは海外のＩＴの動勢にくわしく、ほかに受けている会社の話になり、ＳＡＰについて、「あの会社はまちがいなく伸びる」と教えてもらったのです。

じつは最初、ＳＡＰはコンサルティングファームなのだと思い応募しました。面接を受けて説明を聞くと、実際にはコンサルティングファームではなく、企業向けのソフトウェアを提供する企業であることがわかったのですが、それでもいいと思いました。コンサルティングファームといっても、ＩＴに近いこともやっているわけですし、ＳＡＰでもＩＴを活用した業務のコンサルティングができると考えたからです。それなら、どちらに就職しても仕事の内容に大して変わりはない。だとすると、スタートアップでまだ人が少なく、ベテラン社員や先輩社員が少ない会社に行ったほうが、早い時期に責任のある仕事を任せてもらえる——そう考えたのです。

端的に言えば、人材の層の薄さと成長期待です。人材の層が薄ければ、最初から若手に責任のある重い仕事が回ってくるはず。がんばって、背伸びして、その重い仕事をやり遂げれば、さらに重い仕事を任されるようになる。このポジティブな循環を通じて、どんどん成長していけるはずだと考えたのです。

リスクは、ＳＡＰの事業が軌道に乗らず、数年で日本市場を撤退してしまうこと。しかし、もしそうなったとしても、会社に身を委ねずがむしゃらに働いて自分がプロフェッショナルとして成長していれば、内定を断ったコンサルティングファームなどに転職できるはずだから、それは取ってもいいリスクなのではないかと考えました。

結果的に、ＳＡＰジャパンを選んだことは大正解でした。もし、リスクを取らずに日本の大きな会社に入っていたら、人材の厚さに阻まれてくすぶることになっていたかもしれません。

ビジョン、ミッション、価値観、戦略を描いて共有しておけば、マイクロマネジメントは不要になる

その後、ＳＡＰジャパンは数年で１０００名の規模へと急成長。期待していたとおり、創業間もないＳＡＰジャパンは人材の層が薄く、成長ペースも予想をはるかに超え、慢性的な人材不足の問題を抱えていました。そのため、年齢や社歴に関係なく、成果を出す人間にチャンスが与えられる状況が続いていたのです。

これは、私にとって期待どおりの状況でした。入社してほどなくどんどん重い仕事を任されるようになり、2年目には全員年上の10名程度の部下を持つ管理職にもなりました。

製品マネージャーや導入コンサルタントのような技術寄りの仕事からスタートした私でしたが、入社7年目にあたる１９９９年にはＳＡＰジャパンの初代社長であった中根滋氏に見出され、新規事業の社内カンパニー社長のような立場を任されることになります。

私は、当時のＳＡＰとしてはめずらしい分析系の分野に興味を持ち、ドイツ本社に出張

して最新の情報を調査したり、自主的に社内で勉強会を開催したりと、分析系の普及に向けてさまざまな啓発活動を、だれに指示されるでもなく自主的に推し進めていました。それが、どうやら社長の中根さんには「アントレプレナーシップがある若者だ」と目に留まったようです。ちょうど中根さんは「分析系の事業は従来とはまったく異なるアプローチが必要」と考え、営業も技術者もすべての職種を含んだ社内カンパニーを立ち上げる構想を持っていたのです。

入社7年目で、当時29歳。私は社内カンパニーの本部長として約30名の社員を束ね、SAPとしてはまったく新しい分析系の事業の立ち上げを委ねられました。技術職から事業責任者への転換——私にとって、これが仕事人生で最初の大きな転機となりました。

新規事業の立ち上げを任せられた私は、経営やリーダーシップに関する本をむさぼるように読んで勉強しました。そしてどの本にも書かれていたのが、この話でした。

「会社経営では、ミッション、ビジョン、価値観をすべての中心に据えなければいけない」

これはきっと絶対に揺るぎなき通念なのだろう、と感じました。ミッション、ビジョン、価値観といった、ある種〝青臭い〟取り組みがどのように売上や業績につながるのか、当時の私には肌感覚としてはまだわかりませんでした。しかし、経験も実績もない新米の事業本部長としては、いくつもの本が訴えるこの経営の通念に、素直に取り組んでみようと思ったのでした。

そこで、「泊まりがけの合宿をおこなって、事業本部のミッションやビジョン、価値観を社員といっしょに決めていく」という取り組みをしました。実践してみて驚いたのは、ミッションやビジョン、価値観、さらには戦略をしっかりと描いて部門のメンバーと共有しておくと、マイクロマネジメントが不要になることでした。社員が勝手に動き出すのです。

「山を登るのが僕らのミッションでありビジョンだとしたら、登り方は問わない。各自で考えてほしい。必要な経営資源は僕が会社から引っ張ってくる」

そう話したものです。細かく指示をすることなく、部門のメンバーたちが大所高所から自発的に考え、物事が動いていきました。大きな使命感（ミッション）と大きな夢（ビジョン）を分かちあえているので、瑣末なことでモチベーションに気を揉んだりすることもありません。

当時、若手ばかりで結成された新しい事業本部は、「自分たちの新しい分析事業を

SAPジャパンにとって第2の事業の柱にするのだ」というビジョンに燃えて、部門一丸となって仕事に打ち込みました。

事業本部長になって1年が経過した2000年に、SAPジャパンの2代目社長として藤井清孝氏が着任します。初代社長の中根さんは私に人生の転機をくださった恩人であり、2代目社長の藤井さんはその後の私の人生に大きな影響を与え続けてくださっている恩人です。

藤井さんには「SAPのことをよく知る若手を補佐に付けたい」という考えがあり、私が候補に選ばれました。大きな夢を共有し、一丸となって燃えた部門のメンバーとの別れはつらいものがありました。しかし、「藤井さんを助けることが、SAP全体を助けることに少しでもつながるのであれば」と考え、社長室長として藤井さんの補佐の仕事を引き受けることになったのです。

藤井さんが着任した当時のSAPジャパンは、カリスマ性あふれる中根さんの退任後、社長不在の期間が数ヶ月あり、社員のモチベーションも大きく下がっている状況にありました。これを立て直す方策を、藤井さんと毎日話し込んだものです。自分の部門での成功体験から、「SAPジャパンも原点に立ち返り、ミッション、ビジョン、価値観を社員と共有すべき」と訴え、藤井さんも「それはやるべきだ」ということになりました。

マネジメントメンバーとの合宿などを通じて、SAPジャパンとしてのミッション、ビジョン、そして「行動原則」と呼ばれる価値観を定めました。それを全社員会議で社員と分かち合い、半年に一度だった全社員会議も四半期に一度の頻度に増やし、繰り返し伝えることで、社員への浸透を図りました。SAPジャパンはその後、社員の意識調査でモチベーションの改善が続き、また業績も急速に回復することになります。藤井さんとのこうした活動を通じて、ミッション、ビジョン、価値観を大切にする経営は、数十名規模の部門だけではなく、1000名を超える会社全体でも効果を発揮することを体感しました。

その後の2年間、社長室長として経営を裏から支え、会社の立て直しに見通しがついたこともあり、私はふたたび新規事業を担当する仕事に戻りました。新卒社員としては初の、外資系では役員に相当するバイスプレジデント職に就き、いくつもの新規事業を手がける日々が始まりました。

しかしその中で、心血注いだ1つの事業の立ち上げがうまくいかず、部門が解散されるに至り、大きな挫折感を味わうことになります。SAPジャパン入社から13年が経った2006年のことです。新規事業は、10あれば、うまく立ち上がるのはよくて3つ。失敗を受け入れる心の強さや、敗因を分析して次に活かすしぶとさが必要です。その事業が失敗した一番の原因は、後から冷静に振り返れば、自分自身や部門メンバーの力不足というより、当時の製品力があまりにも弱かったことが原因でした。しかし当時の私は、その責任はすべて自分の力不足にあると受け止めてしまいました。結局、その挫折を自分の中で消化することができず、長年働いたSAPジャパンを離れる決断をしたのです。

異例のマッキンゼー入社、給料大幅ダウンの選択をして得られたもの

私が次の職場に選んだのは、コンサルティングファームのマッキンゼー・アンド・カンパニーでした。SAPジャパンではおもに新規事業の立ち上げを担当していたため、戦略を立案する機会も多く、多少の自信もありましたが、すべて自己流。しょせんは独学の無手勝流のようなところがあり、戦略というものを学び直したいと思っていたのでした。そこで、「どうせやるなら最高峰でやってみたい」と、マッキンゼーの門を叩いたのです。

ただ、私の入社は異例だったようで、「SAPで役員をやっていたような人が来た」とマッキンゼーの社内でも少なからず話題になったようです。なぜなら、それまでの役職を棄て、マッキンゼーでは役職も何もない〝ひら〟のコンサルタント職からのスタートだったからです。給料も大きく下がりました。まったく異なる業種と職種で自分を鍛え直すのだから、今はまだSAPジャパン時代のような価値は出せない。「いったん給料が下がろうとも、ここでの経験で自分は絶対に成長できる。だからこれは投資だ」そう言い聞かせて、給料ダウンも当然と考えました。結果、この選択をして本当によかったと思っています。短期的に収入が下がろうとも、マッキンゼーで得たかけがえのない経験は、今の社長

としての仕事にも大いに活きています。

マッキンゼーでは、方法論をとても大切にします。たとえば、プロブレム・ソルビング(Problem Solving)という問題解決の考え方。非常に大雑把に私の理解を言うと、次のような方法論です。

①：クライアントの問題意識に対して、メインの課題(イシュー)とは何かを定義する
②：メインの課題をサブの課題へと分解する
③：分解したサブの課題に対して打ち手の仮説を立てる
④：立てた仮説が正しいか、ファクトとデータを収集して仮説の妥当性を検証する
⑤：仮説が否定されれば、あらたな仮説を立て直す
⑥：④と⑤の仮説検証のサイクルを高速に回すことによって仮説を磨き込み、サブの課題に対する打ち手や解の方向性を明らかにしていく
⑦：明らかにしたサブの課題に対する打ち手や解の方向性を積み上げて、メインの課題に対する提言としてまとめ、クライアントに報告する

共通言語としてこのような考え方があるので、ファームの上層部であるディレクターやパートナーから駆け出しのコンサルタントまでしっかりとプロトコルが通じ合い、一糸乱

れぬ連携ができるようになるのです。

入社して1ヶ月、同期入社のコンサルタントたちと会議室に文字どおり〝缶詰〟になり、プロブレム・ソルビングの手法を徹底的に叩き込まれました。その後、実際のクライアントのプロジェクトにアサインされ、そこでもビシビシと鍛えられました。たとえば、「クライアントのこの課題はこうすれば解消できると思います」と、私が過去の実務経験に照らし合わせて打ち手を述べたりする。そうすると、同僚のコンサルタントから「それは、どういうファクトとロジックで言っているのですか?」と問われるのです。「いや、これは私の経験です」と言うと、「客観的なファクトとロジックがないので、それは……」とたしなめられてしまう。

また資料1つを取っても、些細なミスや詰めの甘さも許されない。少し辟易してしまった私に言ったあるパートナーの言葉が今でも忘れられません。

「細部の詰めはプロフェッショナルである以上、当たり前。それにマッキンゼーの資料は、我々のいないところで経営の意思決定に使われる。その後10年、クライアントに残り、使われ続けるかもしれない。その覚悟を持ってほしい」

SAPジャパン時代は、早い時期から結果を残していたこともあり、あまり人にきつく指導されることもありませんでした。しかし、マッキンゼーの2年間は、新米コンサルタントとして、厳しくも人の成長に強いコミットを持った多くの先輩コンサルタントや経験豊富なパートナーの指導を得て、また頭脳明晰でありながら人柄にも優れる同僚コンサルタントたちからの影響を受け、自分の視野と経験を大幅に広げる機会になりました。そしてそれは、文化面でも私の考え方に大きな影響を与えたのでした。マッキンゼーの人の成長に対する強いコミットメントや、後述しますがコンカーで始めた「高め合う文化」の原点となったフィードバックすることの大切さも、マッキンゼー時代に学んだことです。

マッキンゼーの在籍は、わずか2年間にすぎません。コンサルタントとしてその真髄を知るはるか手前で辞めてしまったので、私がマッキンゼーのことを書籍で語る資格などないのかもしれませんが、素晴らしいクライアントとプロジェクトメンバーに恵まれ、それは私にとってとても濃密な2年間でありました。そして、「マッキンゼーで学んだ考え方や方法論を実務に応用したい。コンサルタントとして課題解決を提案する側に立つのではなく、実務をする側として自分で課題解決し、その遂行までもおこないたい。そうすればSAPジャパン時代とはまた違うレベルの質の仕事ができる」と考えたのです。

わずかなミスで、悪い文化は澄んだ水に墨を落とすように広がっていく

その後、ベンチャー企業を経た後に、自分で会社を起こす準備をしている中で知り合ったのが、ベンチャーキャピタルであるサンブリッジの会長、アレン・マイナー氏でした。アレンさんはオラクルの日本支社を立ち上げるために80年代に来日。その後、クラウドサービス最大手のセールスフォース・ドットコムの日本法人を合弁会社として共同出資して、立ち上げに成功させた人物です。ビジネスの実績面だけではなく、日本語が非常に堪能で、日本の文化を愛し、周囲に対する思いやりに溢れる、とても魅力的な人物です。

2010年当時、私は現在のUberや全国タクシーに近いモデルのサービスを自分の会社でリリースする準備をしている中で、アレンさんにも出資を仰いでいました。そのサービスは技術的な課題に直面していたこともあり、ほかの大手企業に事業を売却し、アレンさんにも出資をお断りする報告をしたところ、「日本への進出を準備している面白い会社がある。社長を引き受けてもらえないか」という申し出をいただいたのです。それがコンカーでした。

アレンさんは、コンカーの日本法人を、コンカー本社との共同出資による合弁会社として設立していました。これは、セールスフォース・ドットコムと同じ手法です。しかし、

適任の社長を見つけることができず苦労していたのです。

経費精算という分野は、従来は光が当たらない、やや地味なテーマでした。しかし、これだけ世の中の人が強い不便を感じており、またあらゆる企業に存在する業務であることを考えると、非常にポテンシャルのあるビジネスであると考え、この申し出を受ける決断をしました。こうして2011年、私はコンカーの日本法人の社長に就任することになったのです。

私が入社した当時、すでに会社にいたのは、技術者とアシスタントの2名のみ。ここから、事業のスタートに向け、法務的な契約書の整備から、広報、マーケティング、営業体制づくりまで、すべてをおこなうのが、私の最初のミッションでした。

ところが、ここからの約1年、私自身もコンカーの日本法人も、大きく迷走し、混乱してしまうことになります。

1つの失敗は、組織作りが後手に回ってしまったこと。本来であれば、営業部長、マーケティング部長、管理部長といったマネジメントのコアチームを早々に組成して、チームで分担しながら会社の立ち上げを進めていかなければなりません。ところが、コンカーの米国本社が未知数の日本市場に対する投資に非常に慎重だったこともあって、初期の採用計画がすべて却下され、本来は最初の半年で整えるべきマネジメントチームを一気に充実させられなかった。立ち上げに関わるあらゆる業務をすべて社長である私1人で担うことになってしまったのです。結果として、とにかく仕事が後手に回る自転車操業のような状態に陥り、SAPジャパン時代にあれほど大切にしていたミッションやビジョン、価値観をおざなりにしてしまいました。そのしっぺ返しを、私は思い切りくらうことになります。

そしてもう1つの失敗は、採用でした。即戦力にこだわり、文化的なマッチングなど度外視してしまった。明らかに採用に甘さが出たのです。結果的に社内に心地よくない雰囲気が蔓延してしまいましたが、私自身に余裕がなく、それを抑えることもできませんでした。

本当にひどい有様でした。情報は隠され、共有されない。社員に相互の信頼がなく、協力し合わない。疑心暗鬼が広がり、常にだれもが不安を抱えている。どう市場を攻めていくか、という戦略も一致しない。この先がどうなるのか読めない……。

採用の失敗がとんでもない事態を巻き起こすということを、私は痛感することになります。これまでに経験したことのない事態でした。1つの失敗で、澄んだ水に墨を落とすように、よろしくないカルチャーがパッと広がっていってしまった。時には、社員同士で罵声が飛び交うようなこともありました。こうなると、ちゃんとしていた社員までおかしくなっていく。

当時を知る社員は「暗黒時代」と呼んでいます。今では日本における「働きがいのある会社」ランキングで第1位になった会社が、ほんの7年ほど前まで、暗黒状態にあったのです。

「あるべき姿」を描いたら会社が変わっていった

社員間のいざこざに私自身が疲弊している中で思い出したのが、駆け出しのマネージャーの時に愛読していた『ビジョナリー・カンパニー2　飛躍の法則』という本でした。日本語のタイトルよりも、英語のタイトルである『Good to Great』の方が私にはしっくり来ます。Good to Great、つまり、よい（Good）会社でいることに満足するのではなく、偉大な（Great）会社になるためには何が必要なのか、が論じられた本です。

この本の中に「正しい人をバスに乗せる」という章があります。経営方針や戦略が正しくても、不適切な人が集まっていては、偉大な会社にはなれない。逆に、適切な人が集まれば、動機付けやマイクロマネジメントをしなくても、みな自分で考え自発的に動き出す、という趣旨です。

大変に苦悩しましたが、「コンカーの事業立ち上げという旅を共にできない」と考えた人とは、ごまかしのような折り合いを見つけるのではなく、短期的には双方にとって痛みがあっても、長期的な視点からバスからは降りてもらおうと決断しました。そして、そうした人たちとは、じっくりと話し合いを持って別の道を歩んでもらうことにしました。これでやっと、人心が1つになる土壌ができたのです。

その時、SAPジャパンの最初の事業本部の時代から苦楽を共にしてきたある社員が、「三村さん、今こそSAP時代にやっていた合宿、あれをやりましょう」と提案してくれました。後に「オフサイトミーティング」と呼ばれて毎年おこなわれるようになる「合宿」を、2013年の1月にはじめておこなうことになったのです。これが大きな転機になりました。

当時の合宿の資料が今も残っています。その資料の表紙をめくった1枚目に、「合宿の目的」が書かれており、そこにはこう書かれています。「コンカーは創業2年目に入り、成果は出つつあるものの（これは社長としての強がりです）、まだまだ多くの課題が山積している（こちらが本音です）。5年後の会社のあるべき姿を見据え、いまある課題を抽出し、合宿で議論しましょう」と。

そして、その冒頭に、「5年後の会社のあるべき姿」として、こう書かれています。

「全世界のコンカーの中で米国に次ぐナンバー2の事業規模になる」
「国内IT企業で最も働きがいのある企業になる」

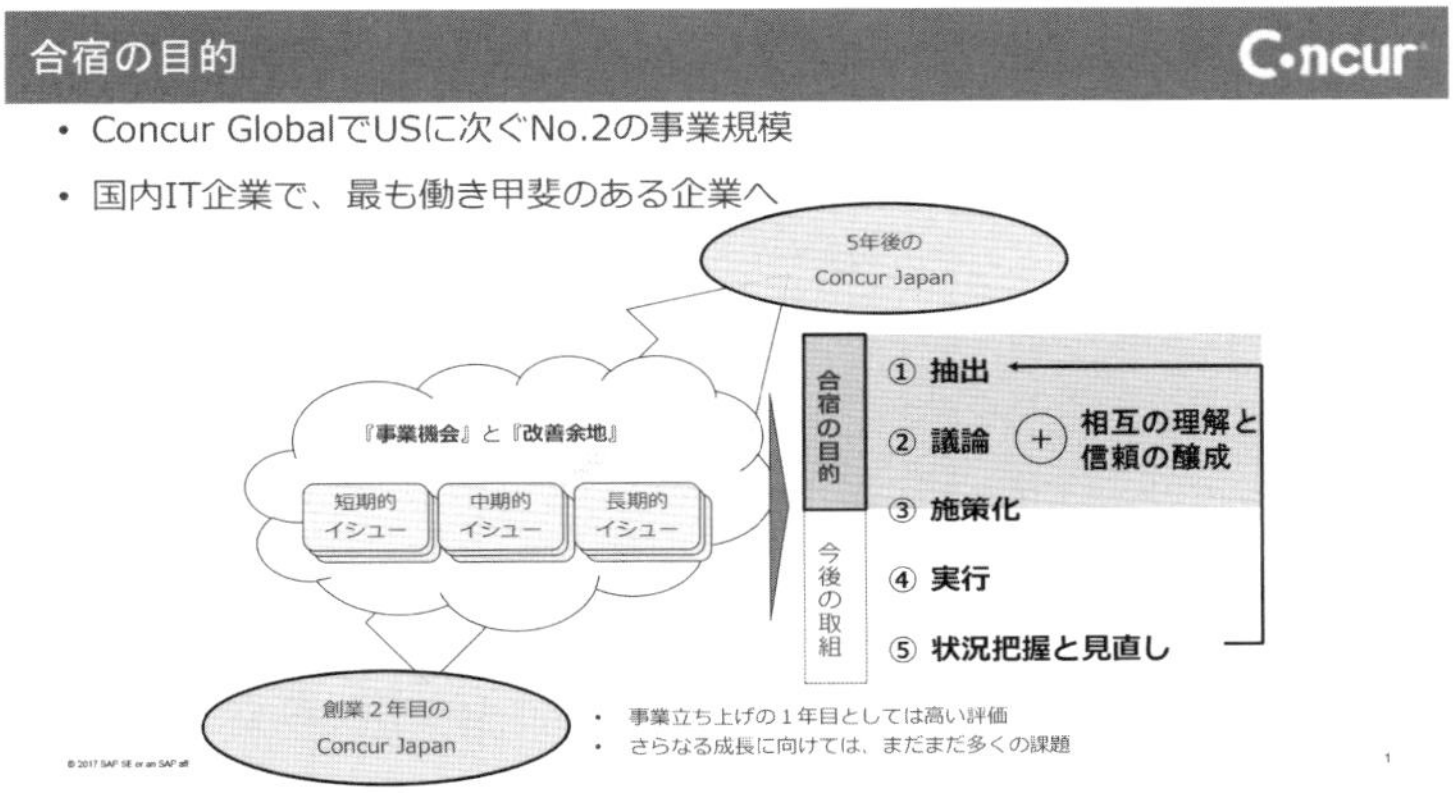

合宿の目的:2013年 最初の合宿の冒頭で実際に使われた資料。5年後の2018年に実際に叶うことになる2つの大きな目標が描かれていた

当時の暗黒時代の中、グローバルで2番目の規模になることも、ましてやIT企業で最も働きがいのある企業になることも、夢物語にしか思えなかった記憶があります。しかし同時に、それらはまったくの不可能ではなく、やり方次第ではチャンスがあると思ったことも事実です。だからこそ、合宿の最初に、こうした私の夢を共有したのでした。

その後、コンカーは業績面で年平均96%という急速な成長を遂げ、2017年の実績で米国に次ぐ2番目の規模に成長し、1つめの目標を達成することができました。

そして、文化面の取り組み。こちらは、その後、ミッションやビジョン、価値観を「Concur Japan Belief（コンカージャパンビリーフ）」としてまとめ上げ、その後、後述する「高め合う文化」の活動や、さまざまな制度の立ち上げをおこなってきました。5年間に渡るこうした活動によって、2018年2月にGPTWが発表した日本における「働きがいのある会社」ランキングの中規模部門（従業員数100－999人）で1位を獲得することができ、2つめの目標をも実現することができたのでした。しかも、それは当初掲げていた「IT業界で一番」ではなく、「日本で一番」として。

2013年の最初の合宿で掲げた不可能に近いと思えた、5年後の2つの夢。それらが、5年後の2018年に、本当に2つとも叶ったのです。

振り返れば、この2013年の合宿が暗黒時代を乗り越えて、新生コンカーが船出していく大きな節目になりました。ここから「働きがいのある会社」に向けて、数多くの課題を解決し、本書で紹介していくさまざまな施策や制度、仕組みが生まれていったのです。

第1章

最高の働きがいは企業文化の醸成から生まれる

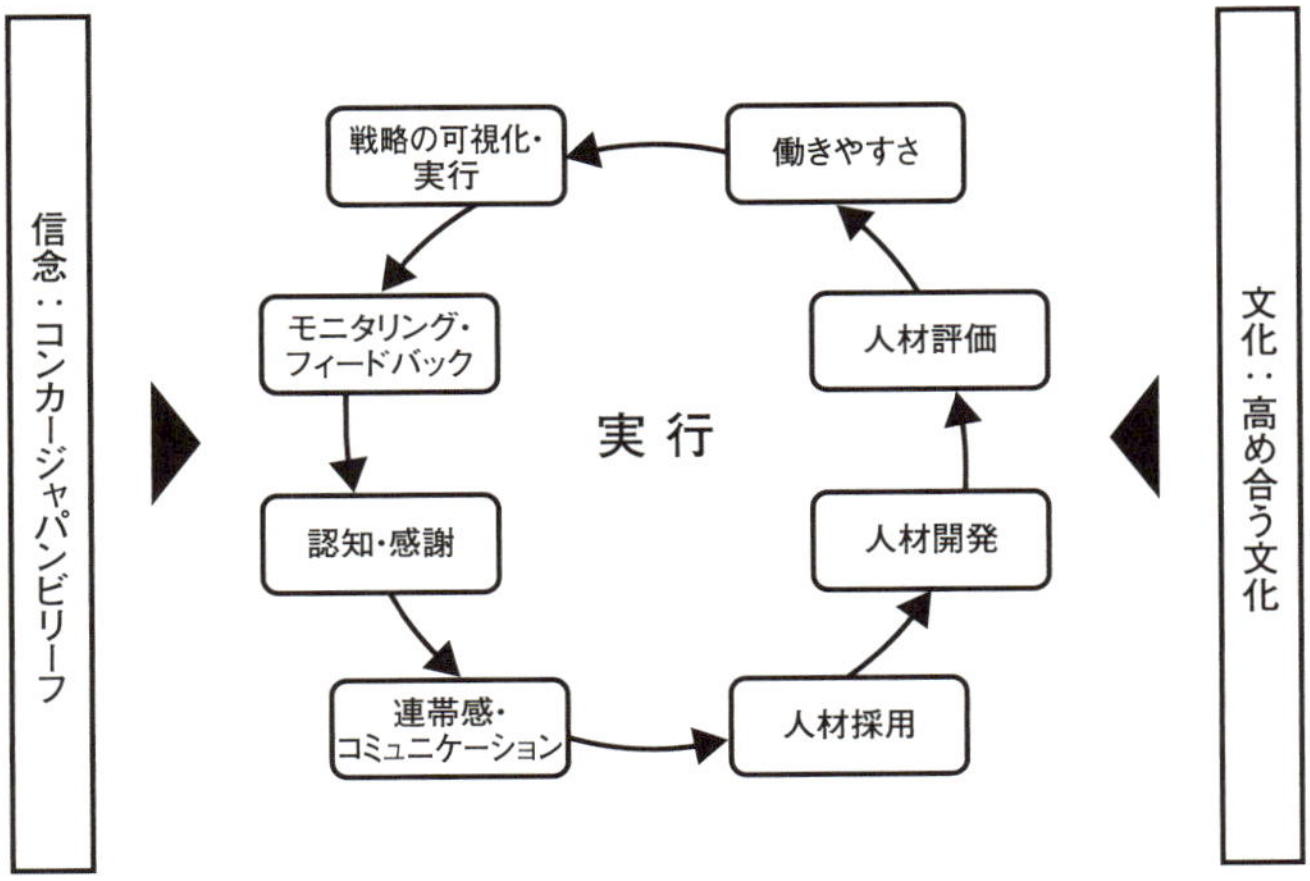

人材という最も希少な経営資源の価値を最大限発揮させるには

日本における「働きがいのある会社」ランキングは、社員の意識がアンケートによって調査され、その結果がランキングに大きく影響します。2018年の調査で「総合的にみて、『働きがいのある会社』だと言える」という設問に対して、じつに98％のコンカーの社員がＹｅｓと回答しました。

なぜコンカーでは、このように多くの社員が働きがいを感じられるようになったのか。それを振り返っていきます。

ヒトのパフォーマンスはアップサイドもダウンサイドも無限

経営資源を論じる時にヒト・モノ・カネとよく言いますが、私はヒトが圧倒的に希少であり、重要な経営資源であると考えています。長く続く低金利から「金余り」と呼ばれて久しく、資金調達はそれほど難しいことではなくなっています。また、インターネットが普及し、あらゆるものがデジタル化されつつあるこんにち、知識とテクノロジーの移転が急速に速まっており、モノの差別化によって競争優位を長期的に維持することは年々困難になってきています。一方で、ヒトはアップサイドもダウンサイドも無限。そこで働く人材のパフォーマンス次第で企業や事業は繁栄もするし、ダメにもなるのです。ヒトという経営資源は、労働人口の急速な減少とともに、今後さらにその希少性が増していくはずです。

人材のパフォーマンスは何で引き出されるのか。福利厚生や給与条件といったいわゆる衛生要因も影響はするでしょうが、これらの効果は一過性に過ぎません。人材が高いパフォーマンスを継続的に発揮するには、「いかに働きがいを感じられるか」が鍵となります。

働きがいを高める3つのドライバー

2011年にコンカーの社長に着任して以来、7年間に渡りマーケティングや広報活動、営業活動、提携交渉、トラブル対応、本社に対するさまざまな交渉など、必死になって事業の成長に取り組んできましたが、同時に軸をぶらさずに取り組んできたのが、社員

働きがいのドライバー：働きがいの3つのドライバーを支えるかたちで信念、文化、実行の取り組みがおこなわれている

の目線に立った働きがいのある文化づくりや制度の整備でした。

「社員には働きがいを持って仕事をしてほしい」そんな願いを込めて、働きがいを高めるための取り組みを試行錯誤しながら続けてきた結果、働きがいとはじつにさまざまな要素が複合的に絡み合った結果ではあるものの、次の3つがおもなドライバーなのではないかと考えるようになりました。

①夢や志、大義との一体感
②視座の高さと裁量の大きさ
③成果や失敗を通じた成長の実感

①夢や志、大義との一体感

よく知られているイソップの寓話に、3人のレンガ職人の話があります。旅人が大聖堂の工事現場で働く3人のレンガ職人に何をしているのか尋ねると、1人目は「命令されたから」、2人目は「お金のため」と辛そうに答えました。そして3人目は「歴史に残る大聖堂を作って人々を幸せにしたいから」と生き生きと、そして誇らしく答えたそうです。

自分がコミットできる会社の「大義」と自分の仕事の成果を関連づけられることはとても大切です。自分の仕事の成果の1つひとつが結果として会社の大義に貢献できると思えること。そうした実感から自分の苦労や汗に意味を見出すことができるようになるのです。

②視座の高さと裁量の大きさ

指示や命令されてする受動的な仕事よりも、自らの意思で取り組む能動的な仕事の方が、同じ成果を出してもより大きなやりがいを感じられるものです。同様に、マイクロマネジメントされてする仕事よりも、権限委譲されて自分の裁量で遂行する仕事のほうが、成功しても失敗しても言い訳できない分、より大きなやりがいを感じられます。これらを可能にするのが、「視座の高さ」であり、社員を信頼して権限移譲することによる「裁量の大きさ」です。

社員には、できる限り経営者と同じ視座の高さを持ってもらうべきです。視座が低いと、「この仕事は私のＫＰＩ（評価指標）とどう関連するのですか」とか「それは自分の部門の仕事ではありません」という姿勢の社員が増え、組織のタコツボ化が始まります。経営者に近い、高い視座を持つことによって、自分のKPI（評価指標）や部門の役割を超えて社員同士が協力し始めるようになります。また、視座が高いので、上司から指示されなくても、ビジョンや戦略の実現に向けて自分で発想し、内発的な動機に駆られて仕事に取り組むようになります。

視座を高めるには、経営に関する情報を社員に対してしっかり説明することが不可欠です。大義・信念としてのミッションやビジョンを分かち合うことはもちろん、それらを実現するための具体的な戦略をしっかりと社員に説明しなければなりません。

また、よい情報ばかりではなく、リソース面での制約や、時には経営課題も透明にするべきです。社員はこれらの情報を咀嚼することによって、大義・信念、そして戦略を遂行するために自分が果たすべき役割を自ら考えるようになり、個人や組織の役割を超えた活動を自発的に始めるようになります。

③成果や失敗を通じた成長の実感

心理学者のマズローが「自己実現欲求」を最も高次の欲求と位置づけたように、働くことを通じて成長を実感することは、働きがいに大きな影響を与えます。

「高い視座」を持ち、そして「大きな裁量」を与えられて仕事に取り組むことによって、自分の仕事の成果に対するオーナーシップが強まります。成功すれば大きな自信になるのはもちろんのこと、失敗しても、他人に強いられてした仕事とは異なり、言い訳をすることができない。だから、自分のやり方の何がまずかったのか、どうすれば次はうまくいくのかを深く考えるようになり、失敗すらも成長の機会になりえるのです。

「信念」「文化」「実行」の枠組みで働きがいの3つのドライバーを促進する

こうした働きがいの3つのドライバーを促進するために、コンカーでは信念、文化、実行の3つの枠組みで取り組みをおこなっています。

- 信念「コンカージャパンビリーフ」
- 文化「高め合う文化」
- 実行「働きがいを高めるオペレーション」

それぞれについて、くわしく解説していきます。

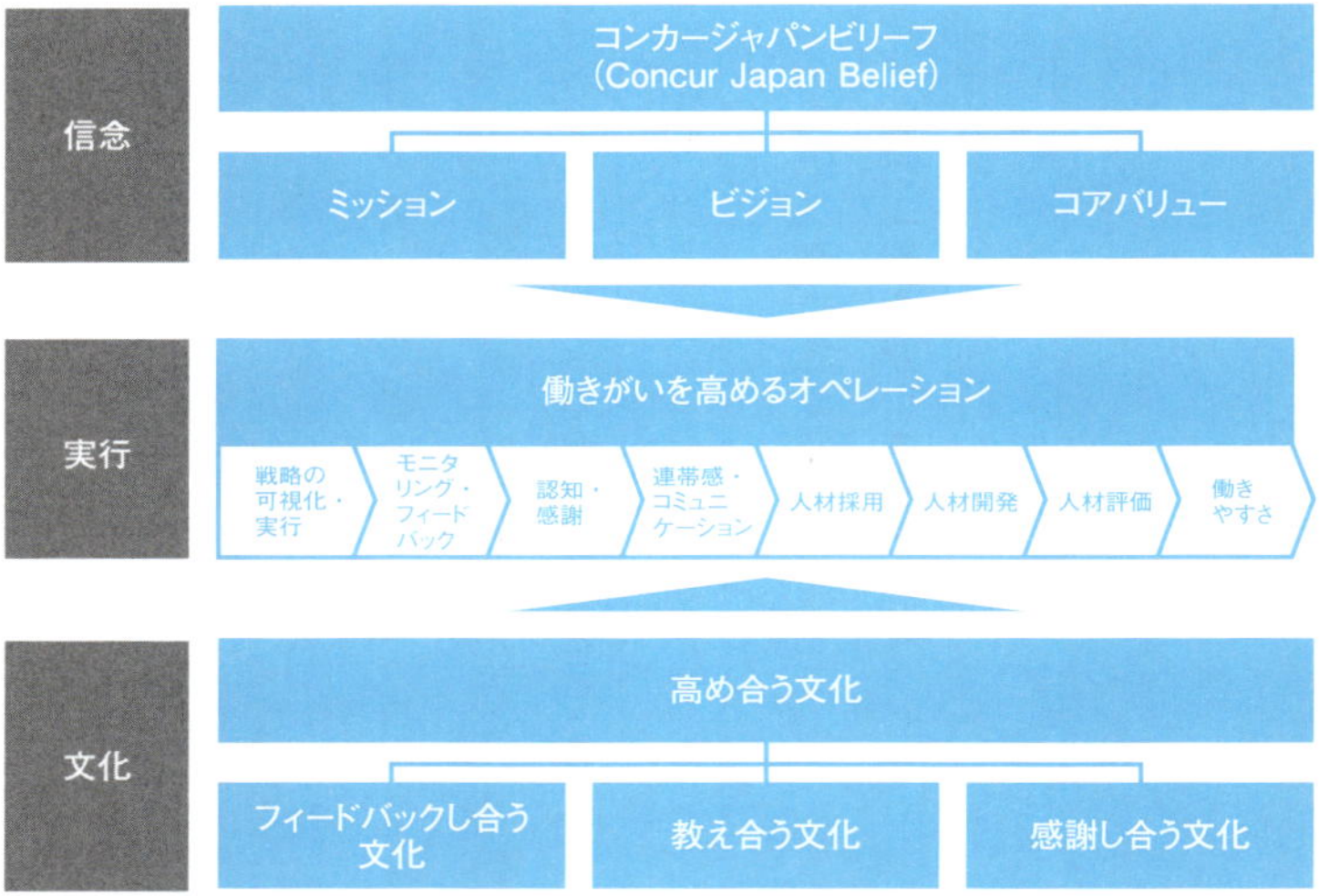

働きがいの実現に向けたコンカーの枠組みの全体像:信念としての「コンカージャパンビリーフ(Concur Japan Belief)」、文化としての「高め合う文化」が実行を支えている

信念「コンカージャパンビリーフ」

コンカージャパンビリーフは「ミッション」「ビジョン」「コアバリュー」の3つの要素から構成されています。まずミッションから見ていきましょう。

ミッション

資本主義社会における企業の存在理由は、株主価値を最大化し続けることです。企業の経営を株主から預かっている経営者にとって、株主価値の最大化はたしかに最重要テーマです。しかし、企業で働く1人ひとりが、株主価値の最大化という目的によって掻き立てられ、燃えて仕事に打ち込めるでしょうか。自分が心血を注いで働いている1つひとつの成果が、もっと大きななにか、たとえば社会への貢献や人々の幸せにつながると実感できた時に、働く人々は自分たちの仕事に対して、より大きな意義を見出せるのではないでしょ

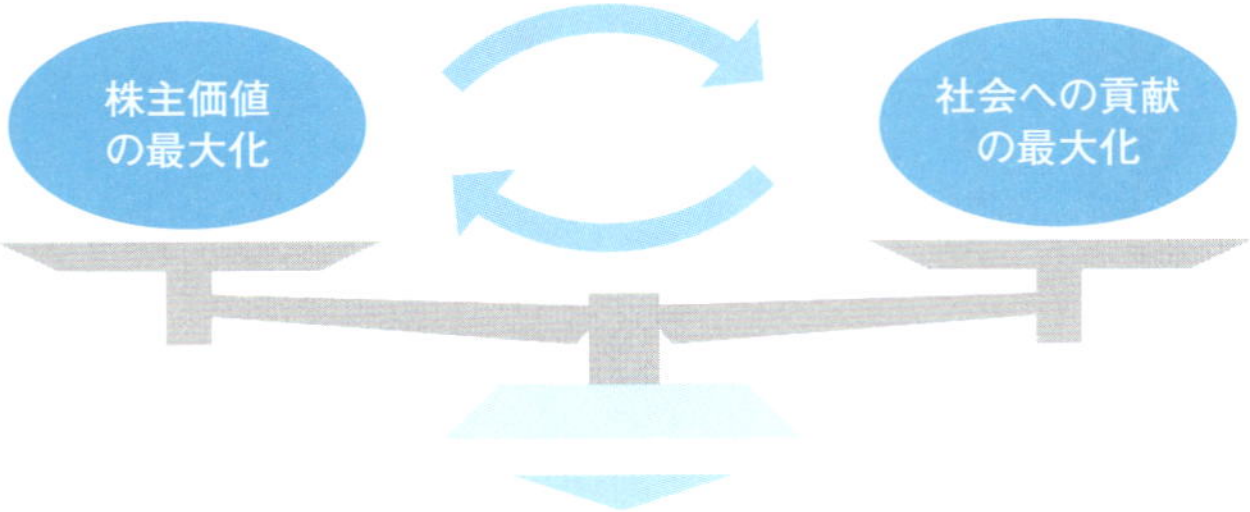

ミッションの考え方：ミッションは「株主価値の最大化」と「社会への貢献の最大化」のバランスが大切

うか。図のように、ミッションとは、「株主価値の最大化」をするだけにあらず、「社会への貢献の最大化」をすることとのバランスが大切なのです。

「コンカージャパンは、日本にT＆E（出張・経費管理）市場を確立し、最高水準のクラウドサービスを通じて、日本企業の競争力強化に貢献します」

これが、最初に定義したコンカーのミッションです。コンカーの事業内容は、経費精算と出張管理のクラウドサービスを提供することです。しかし、このミッションを定義した当時、日本にはまだ「出張・経費管理」という考え方が存在すらしておらず、日本企業は欧米企業に比較して明らかに立ち遅れてい

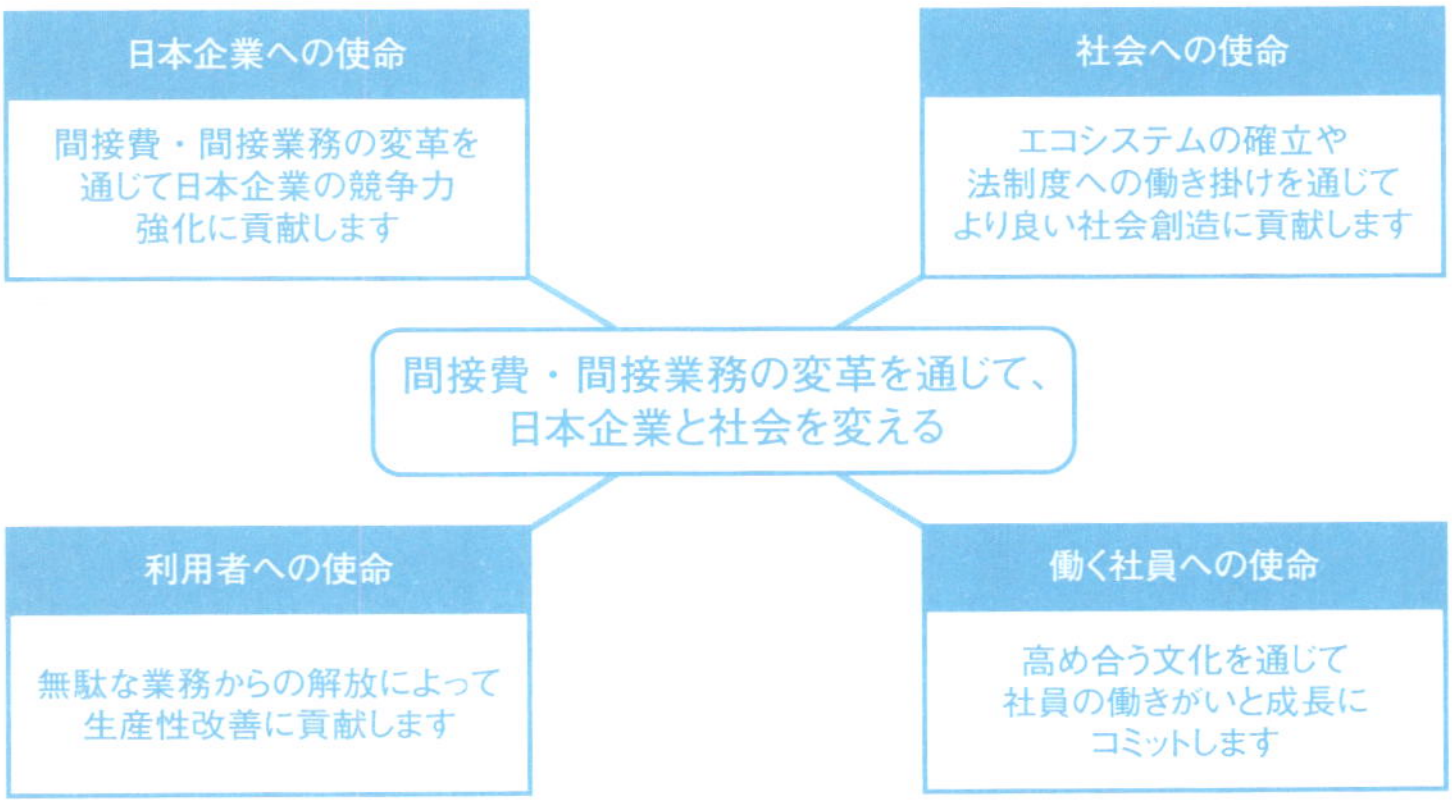
日本企業への使命
間接費・間接業務の変革を
通じて日本企業の競争力
強化に貢献します
社会への使命
エコシステムの確立や
法制度への働き掛けを通じて
より良い社会創造に貢献します
間接費・間接業務の変革を通じて、
日本企業と社会を変える
利用者への使命
無駄な業務からの解放によって
生産性改善に貢献します
働く社員への使命
高め合う文化を通じて
社員の働きがいと成長に
コミットします

コンカーのミッション：市場環境や日本市場におけるコンカーの立場の変化をふまえて、2018年に改定した

ました。

その状況を打破するために、まず日本企業を啓発し、投資意欲と改革意欲を引き出すことによって市場を立ち上げる。そして、日本企業への普及を通じて、業務の水準を欧米企業並みに引き上げ、日本企業の競争力を高める。それが我々の社会への貢献である——これが最初のミッションで掲げた考え方です。

その後、国内のリサーチ会社から「経費精算市場」に関するレポートが出され、コンカーは売上規模で50%を超えるシェアを獲得することができました。最初にこのレポートが発行された時には、大きなシェアを獲得できたこと以上に、経費精算市場が日本でもはじめて認知されたことに対して社員一同で大喜びしたものです。

「ミッションは比較的静的なものであり、あまり変えない」

私はそう考えていましたが、T&E（出張・経費管理）市場の立ち上げはすでに達成されており、最初に定義したミッションは今のコンカーにとってふさわしくないと考えるようになりました。そこで、コンカーの事業を次のステージに進めるために、2018年7月に創業以来はじめてとなるミッションの見直しをおこないました。新しいミッションは、コアのミッションと4つのサブのミッションから構成されています。

コアのミッション：間接費・間接業務の変革を通じて、日本企業と社会を変える

- 日本企業への使命：最高水準のサービスを提供して、日本企業の競争力強化に貢献します
- 利用者への使命：無駄な業務からの解放によって、利用者の生産性改善に貢献します
- 社会への使命：エコシステムの確立や法制度への働きかけを通じて、より良い社会創造に貢献します
- 働く社員への使命：高め合う文化を通じて、社員の働きがいと成長にコミットします

これは、利用企業や利用ユーザーへの貢献はもちろん、領収書電子化に向けた日本政府

に対する規制緩和の働きかけやJR東日本のSuicaデータとの連携など社会的価値の創造の視点、そして「高め合う文化」により社員の成長にコミットしたいという想い、これらを込めて定義したものです。

ビジョン

コンカージャパンビリーフの2つ目の要素がビジョンです。

有名なビジョンに、ジョン・F・ケネディの「1960年代の終わりまでに人類を月に送る」や、ビル・ゲイツの「すべての机と、すべての家庭にコンピュータを」があります。どちらのビジョンも現実のものとなり、これによって人類の歴史や人々の生活に大きな影響を与えたと言ってもいいでしょう。

私が考える優れたビジョンの構成要素は3つです。

①「実現したらすごい！」とワクワクできる
②達成するには相当の背伸びが必要だが、実現不可能ではない
③「定量的なゴール」と「具体的な時間軸」の両方またはいずれかが明らか

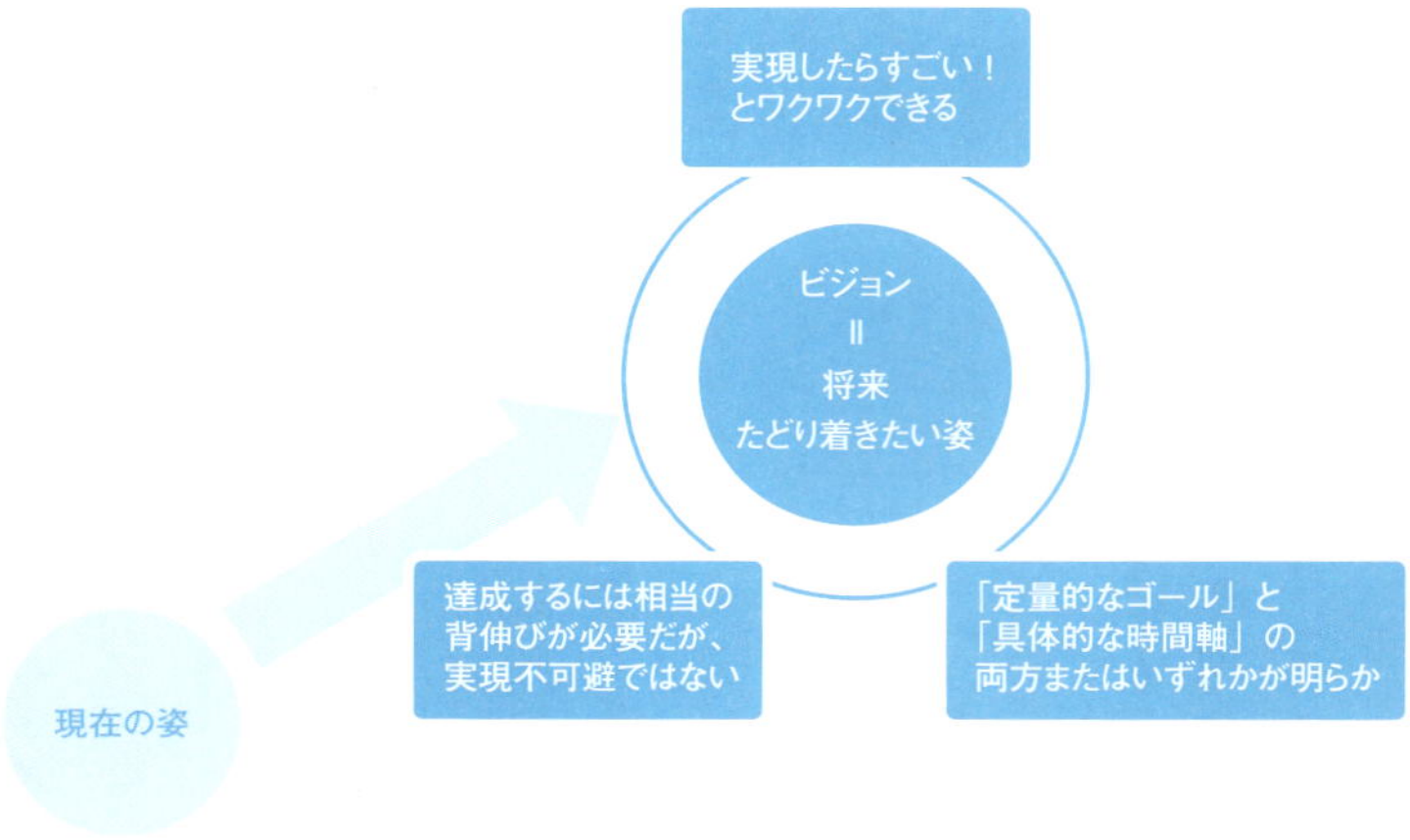

ビジョンの考え方：将来、たどり着きたい姿をビジョンとして共有することで、会社の方向性が定まっていく

どうでしょうか。ケネディのビジョンもビル・ゲイツのビジョンもこれらの条件を満たしています。

いいビジョンを社員と分かち合うことで、大きな目標感が定まり、さまざまな活動とリソースの投入がそのビジョンの達成に向けて収斂（しゅうれん）されるようになります。これにより、日々の細々としたマイクロマネジメントが不要になり、社員に裁量を委ねても大きく外すことがなくなります。大きな裁量を委ねられた社員は、ビジョンを達成するために、自分の立場で何ができるのかを考えるようになり、創造性が引き出され、アクションが自発的になり、指示待ちが少なくなります。自分の貢献が、ワクワクできるビジョンの達成につながっていると思えることによって、仕事への情熱も高まります。

「『コンカー』を日本で経費精算の代名詞にする」

それが、最初のコンカーのビジョンでした。世の中には、ホッチキス、セロテープ、バンドエイドなど、商品名がそのカテゴリの代名詞になっているケースが多くあります。コンカーも「経費精算する」が「コンカーする」と呼ばれるほど、日本企業に広く普及させようという夢をビジョンにしました。

そして、これを実現するために、3つのサブの目標を定義しました。特に市場視点と社内視点は、ビジョンに定量的なゴールと具体的な時間軸を与えるためのものです。

- 市場視点―日本企業への普及：ある年度までの普及率やシェアの目標
- 社内視点―事業の成長：ある年度までの売上や社員規模の目標
- 人材視点―人材の成長：全員がリーダーシップを発揮できる、ビジネスアプリケーション業界で最優秀の集団になる

「日本企業への普及」は「事業の成長」に直結する。事業の成長によって、人材はスト

レッチが求められ、これにより「人材の成長」が促進される。そうして成長した人材の活躍によって、「日本企業への普及」と「事業の成長」がさらに加速する。これにより、多くの企業で働く人々が経費精算にコンカーを使うようになり、「経費精算する」が「コンカーする」と言われるようになっていく、という考え方です。

この『「コンカー」』を日本で経費精算の代名詞にする」というビジョンは、社員にとっても強い腹落ち感と想い入れがあったため、この部分には手を入れず、普及率、シェア、売上、組織規模といった定量的な目標を数年ごとに見直してきました。

メディアの取材でもこのビジョンを発し続けており、さまざまな外部向けの資料でも謳ってきました。そうした発信の成果か、採用面接では、じつに多くの候補者がコンカーの志望動機として「このビジョンに共感・共鳴したからだ」と答えます。いいビジョンは、社員の求心力を高めるだけではなく、優秀な外部の人材を誘引することにも効果があります。

2011年に経費精算のクラウドサービスを日本市場に投入したコンカーですが、近年では経費精算のほかにも請求書管理や出張管理といったサービスを次々に投入しており、ビジョンの範囲を経費精算だけとするのは、事業の実情に合わなくなってきていました。これを受けて、ビジョンをあらたに

日本の間接業務のデジタル変革を実現する

日本企業への普及	すべての日本企業にコンカーを普及し、企業競争力の強化に貢献する	
2022年までに	日本企業	最もユーザー数の多いビジネスアプリケーションになる：500万人以上
	大手市場	時価総額トップ100企業の浸透率：70%以上
	中堅中小市場	売上ベース：シェアNo.1
事業の成長	2022年までに、社員数で●人体制、売上●億円を実現する	
人材の成長	全員がリーダーシップを発揮できる、ビジネスアプリケーション業界で最優秀の集団となる	

コンカーのビジョン："市場立ち上げ"を意識したものから"市場のスケール化（拡大）"を意識したものに改定した

「日本の間接業務のデジタル変革はコンカーが実現する」

と改変しました。日本ではまだデジタル変革という考え方が一般的ではありません。しかし、ＡＩやＩｏＴといったデジタル変革の要素技術が普及段階を迎えたことによって、業務のデジタル変革はこれからは不可避です。間接業務という企業で改革が大きく立ち遅れている分野において、「コンカーが提供するテクノロジーによって、日本企業の間接業務がどんどんデジタルなものに変革されていく」というビジョンは、私自身をもあらためてワクワクさせています。また定量目標も、「市場の立ち上げ」を念頭に置いたものから、「市場のスケール化」に主眼を置いたものに変えました。

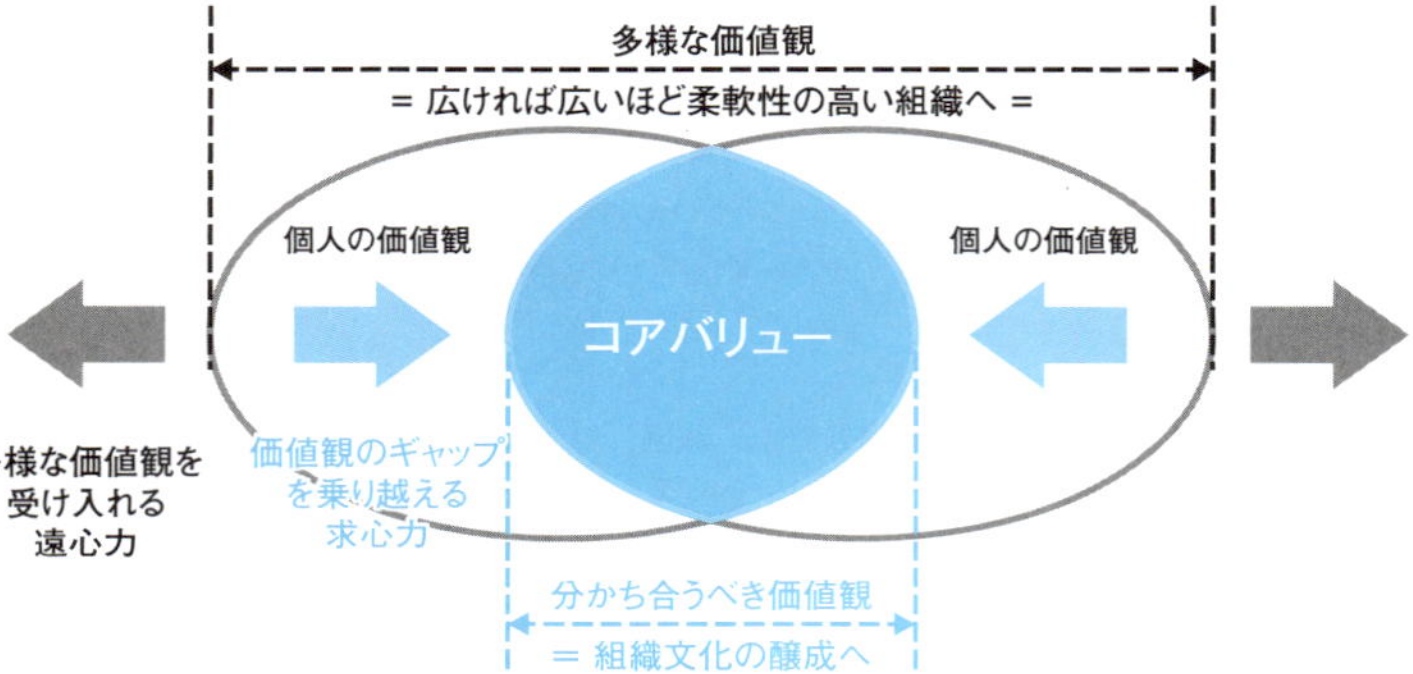

コアバリューの考え方:1人ひとりが持つ価値観を広げることで、組織の柔軟性が高まる。同時に、分かち合うべき核となる価値観をコアバリューとして共有することで、価値観のギャップを乗り越え、組織文化を醸成する

コアバリュー

コンカージャパンビリーフの最後の要素が「コアバリュー」です。

1人ひとりの社員が持つ価値観は多様であるべきです。そうすることで組織にさまざまな視点が生まれ、環境変化に対する柔軟性や、経営判断や意思決定の誤りを正す機会も得られます。

しかしながら、多様性を尊重する一方で、社員同士が、ぶれずに分かち合うべき価値観は明らかにするべきです。時として、社員同士で考えや意見がぶつかり合います。そうした時に、共通の価値観があれば、寄って立つ判断の基準になりえます。また、そうした価値観に沿った考えや行動は、長い目で見て企業文化を育むことにもつながっていきます。

コンカーでは、それ以前にあった価値観がやや抽象的で、日々の行動や思考に落ちなかったため、改訂することになりました。2018年7月に開催したオフサイトミーティングで、社員全員で話し合い、次のように「コアバリュー」を定義。今後、後述する社内のタスクフォースやCCOの活動によって、社員への浸透に取り組むところです。

【お客様の視点】Happy-Happy―お客様を笑顔にしよう。それが私たちの幸せ

顧客視点をより強めたいという思いから定義しました。「Win-Win」をもじって、「Happy-Happy」。お客様をHappyにする、そのことが自分たちのHappyにつながる、という意味です。

【自分の視点】Enjoy the Challenge―変化を作り出そう。挑戦を楽しもう。そして未来を創り出そう

IT業界にあるコンカーを取り巻く環境は、変化が非常に速く、また社員に求める要求水準も高い。変化に呑まれことなく、また現状に拘泥することなく、変化を作り出す側に回り、チャレンジし続けよう、という思いで定義しました。

【仲間の視点】自分ごと―ひとごとはない。目指す先は一緒。だから、すべてが自分ごと

組織の成長と共に起こりうるセクショナリズムに陥らないようにしてほしい、という想いが込められています。大きなビジョンや戦略が共有されていれば、自分の仕事の範囲を超えて、すべて自分の仕事と思って社員同士が助け合えるはず、という考えです。

【共通の視点】期待を裏切ろう―質とスピードで期待を上回ろう。想像をはるかに超えて

期待に応えるだけでは満足せず、相手が驚くほどの質とスピードで仕事をしましょう、という想いを込めました。

【共通の視点】Drive Everything―高い視座を持ち、自ら率先して物事を動かそう

やりたいことがある場合、あるいはなにか問題意識がある場合、他人のアクションを待ったり、会社が解決してくれることを待つのではなく、自分自身で会社に働き掛けたり、周囲を巻き込んで解決に動いていきましょう、という考えです。

顧客の視点	自分の視点	仲間の視点
Happy-Happy	**Enjoy the Challenge**	**自分ごと**
お客様を笑顔にしよう それが私たちの幸せ	変化を作り出そう 挑戦を楽しもう そして未来を創り出そう	ひとごとはない 目指す先は一緒 だから、すべてが自分ごと

期待を裏切ろう

質とスピードで期待を上回ろう
想像をはるかに超えて

Drive Everything

高い視座を持ち
自ら率先して物事を動かそう

コンカーのコアバリュー：2018年のオフサイトミーティングで社員全員で話し合い、日々の行動や思考につなげやすい具体的なコアバリューに改定

価値観やコアバリューは大概、小学校の道徳の時間で教えられるような「青くさい」要素が多く含まれます。しかし、経営者あるいはリーダーとして、「ゆずれない価値観は何か？」とよく考えて、「大人だからわかるはず」と思わず、あえて明示的に共有することが、文化を築くうえで大切です。

文化「高め合う文化」

企業文化は、企業にとって最も重要な無形資産の1つです。企業文化は、そこで働く1人ひとりの社員の行動様式や価値観に大きな影響を与え、社員は無意識に企業文化に則って思考し、判断し、行動するようになります。企業文化の良し悪しによって、社員のふるまいは大きく変わることになるのです。

文化と風土は異なります。風土は自然に培われていくのに対して、文化は意識して築かなければならない。だから、どのような文化の企業にしたいのか、経営者はしっかりと考え、意識する必要があります。その文化に合致した経営者の行動や発言、その文化と符合した制度や施策などを通じて、社員の意識に「自社の文化とはどのようなものなのか」が染み込んでいきます。こうして、企業文化は作られていくのです。

コンカーの文化づくりで私が意識したのは、働きがいに大きな影響を与える社員の成長。しかも、社員同士の相互作用によって、お互いが成長するような文化です。これを

「高め合う文化」と名づけました。

文化は唱えるだけでは浸透しません。「高め合う文化」を、3つの要素――「フィードバックし合う文化」「教え合う文化」「感謝し合う文化」に分け、それぞれ具体的な取り組みと結びつけることで行動に落とし込む。そうすることで、浸透を目指しています。

フィードバックし合う文化 ～建設的に、すぐに、相互にフィードバックすることで、社員同士の成長をうながす

詳細は第3章で後述しますが、マッキンゼー時代に印象的だった、職位や立場に関係なくお互いに建設的なフィードバックする習慣をコンカーにも根付かせたいと考え、それを発展させて「フィードバックし合う文化」として浸透に取り組んでいます。コンカーでは、問題に気づいたら、口をつぐむのでもなく、陰口を言うのでもなく、お互いにフィードバックし合いましょうと奨励しています。

教え合う文化 ～教え合うことを通じてお互いに成長していく

新入社員にコンカーの印象を聞くと、みな口をそろえたかのように「社員のだれもがいやな顔をひとつせず親切に教えてくれるのでびっくりしています」と答えます。元々、コ

ンカーにはほかの社員を教えたり助けたりすることが自然に根付いている風土がありましたが、この風土が今後会社の成長と社員の増加によって失われてしまったりしないよう、会社の文化として浸透させたいと考えています。

詳細は第7章で説明しますが、具体的な取り組みとして「教え合う文化」ワークショップを開始しています。

感謝し合う文化　～やってもらって当たり前ではなく、感謝の気持ちを伝える

コンカーには元々、高圧的に他部門に依頼する人は皆無。管理職もみな、部下に対して命令口調ではなく依頼をする時は常に感謝の気持ちを持っています。感謝することは、相手への敬意と尊敬の念の表れでもあります。これも教え合う文化と同様、もともとある失いたくないコンカーのいい風土です。高め合う文化の一要素と位置付けることで、いっそう浸透を図りたいと考えています。

詳細は第4章で説明しますが、具体的な取り組みとして「感謝の手紙」の制度を運営しています。

実行「働きがいを高めるオペレーション」の全体像

ここから、「実行」に相当する「働きがいを高めるオペレーション」を、次の8つの視点——①戦略の可視化・実行、②モニタリング・フィードバック、③認知・感謝、④連帯感・コミュニケーション、⑤人材採用、⑥人材開発、⑦人材評価、⑧働きやすさ——から見ていきましょう。まずは8つの視点についてサマリーを以下で述べ、第2章以降の各章でそれぞれの視点について詳細に解説していきます。

①戦略の可視化・実行

社員が高い視座を持つためには、経営情報と戦略を社員と共有することが不可欠です。これらを共有することもせず、経営者が「社員に高い視座を持って働いてほしい」と言っても、それはあたかも地図もなく、目的地も知らせず、旅をさせるようなもの。社員は

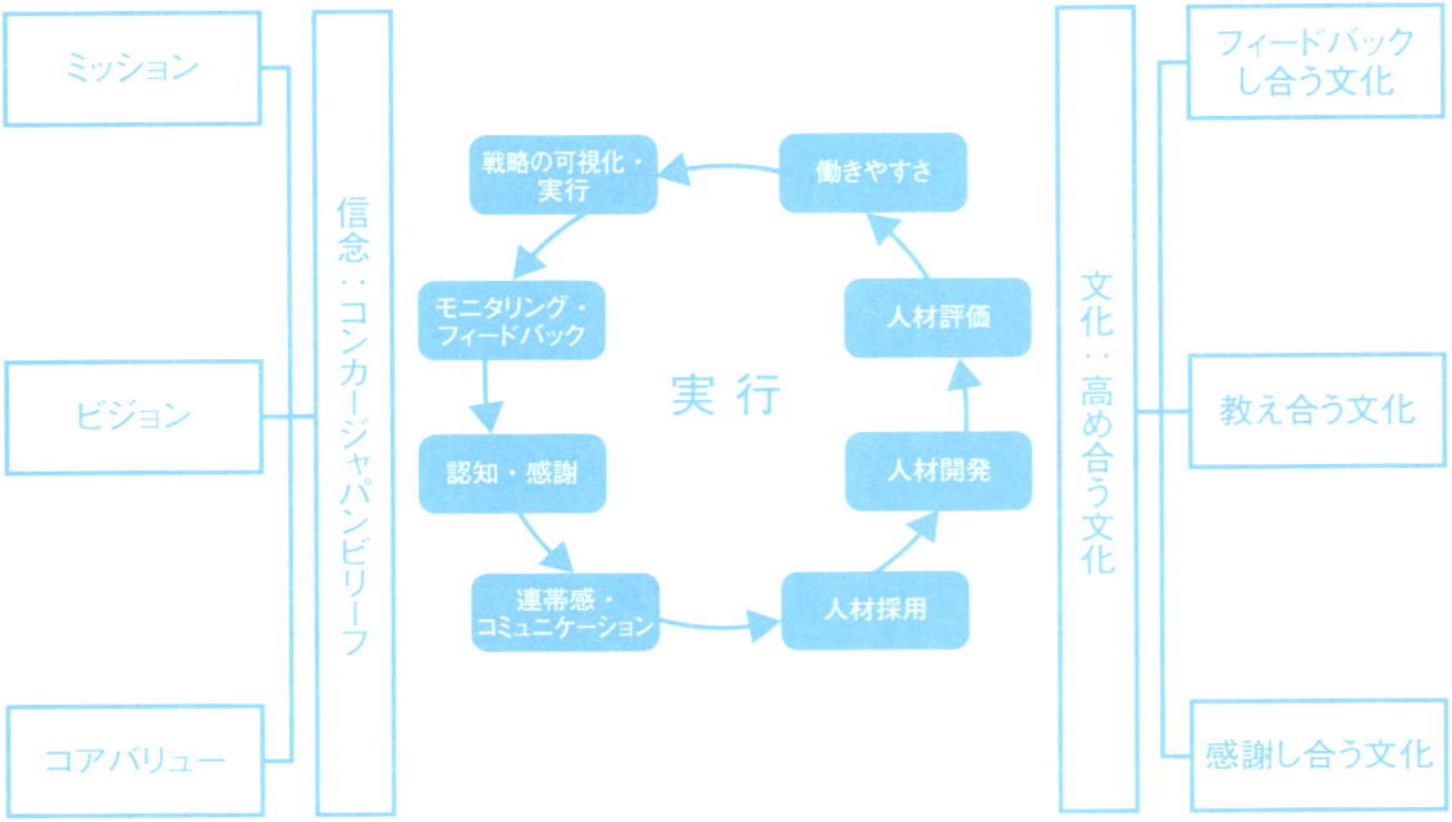

働きがいを高めるための8つのオペレーション：オペレーションの隅々まで社員の働きがいが意識されている

迷ってしまいます。いきおい、視点や思考が狭くなり、自分や部門の利害を優先するようになりかねません。

経営情報と戦略を知ることによって視座が高まった社員は、自分の仕事が会社全体の戦略やビジョンにどのようにつながっていくかを理解することができるようになり、自分の仕事の意義や意味合いを実感することで、より強い働きがいを感じるようになります。

コンカーでは、経営情報と戦略を徹底的に可視化して社員と共有するために、四半期に一度、全社員が参加する「オールハンズミーティング」と呼ばれる会議を開催し、半日かけて会社の方向性や課題を社員と共有しています。

また年に一度、全社員が参加する「オフ

サイトミーティング」と呼ばれる会議では、オフィスを離れ、普段の業務をいったん忘れ、頭をからっぽにして、中長期的な視点から会社の将来や課題を丸1日かけて議論します。

そして実行面において、コミュニケーションの促進やナレッジマネジメントの強化といった部門を横断するようなテーマは、「タスクフォース」と呼ばれる複数の部門の社員から構成されるチームによって推進されています。

②モニタリング・フィードバック

「測定なくして改善なし」という考え方があります。このことは、売上や顧客満足度といった事業に直結する数字だけではなく、社員のモチベーションや会社の文化の成熟度にも当てはまります。社員が働きがいを持って仕事に取り組めているか、社員自身の声を直接吸い上げることによって現状を把握し、そのうえで次の施策につなげています。

コンカーでは、会社、上司、他部門に対する考えを調査する「コンストラクティブフィードバック」を年に一度、また、社員の心身の健康状態を調査する「パルスチェック」を四半期ごとに実施しています。こうしたモニタリングの仕組みを活用して、社員の声に常に耳を傾けることで、施策の精度を上げる努力を続けています。

また、日々の仕事を通じて社員が気づいた問題意識は「高め合う文化」の考え方のもと、お互いにフィードバックし合うことが奨励されています。

③認知・感謝

感謝が一切されないような状況下では、いくら高い報酬を得ようとも、モチベーションを保ち続けることは困難です。自分の汗した仕事がきちんと認知され、そして感謝されることはモチベーションを高め、働きがいを感じるうえでとても大切です。また、それは会社が個人を尊重し、尊敬していることの証にもなります。定量的な成果が測りやすい営業職のように数値目標を持っている部門だけでなく、普段は目立たない貢献にも光を当て、感謝し、報いることは、会社全体のモチベーションを底上げすることにつながります。

コンカーでは、大型契約の受注、プロジェクトの稼働、結婚や出産、昇進など、何か特別なことがあれば、全社でそのことを共有し、祝っています。また制度としては、半年に1回、社員のさまざまな功績を称える「従業員アワード」、同じく半年に1回、社員同士が感謝の気持ちを送り合う「感謝の手紙」などの取り組みを運用しています。

④連帯感・コミュニケーション

「社員の意識がばらばらで、会議はいつもしらけムード」
「ほかの社員に協力を求めても、いつもいやいや」
「直接会話したくないので、隣に座っていてもメールでやりとり」

このような社員の連帯感やコミュニケーションが希薄な職場にいて、働きがいを感じることができるでしょうか。事業の拡大とともに社員数が急速に拡大してきたコンカーにとっても、連帯感とコミュニケーションの維持は永遠のテーマとして取り組んでいます。コンカーでは、社員同士のコミュニケーション活性化の施策として、「コミュニケーションランチ」などランチタイムを利用したさまざまな制度、趣味を通じた社員間の交流を図る「部活動」、文化の活性化をミッションとした「CCO（チーフ・カルチャー・オフィサー）」の任命、コミュニケーションに徹底的にこだわったオフィスデザインなど、さまざまな取り組みをおこなっています。

⑤人材採用

「会社の文化や価値観に合った人材を採用する」これは、企業文化を維持するうえでとても大切です。ほかの社員や他部門の陰口ばかり言う人物。会社の施策に批判ばかりしている評論家的な人物。あなたのまわりにも、そんな人物はいませんか。そのような人物は、自分の仲間を増やすことにとても熱心です。わずかな不満を抱えている社員をめざとく見つけ出しては近づき、不満の芽を膨らませ、ボーダーラインにあった社員の感情をネガティブなものに変質させてしまいます。そのような文化の破壊者を採用してしまった際のダメージは計り知れません。

コンカーの採用率は、わずか2・7パーセント。100人の応募者の中で、採用されるのはわずか2・7人です。営業経験や技術知識といった専門知識がいくら高くても、文化や価値観に合わない人材は採用しません。どんなに人手が足りなくても、決して妥協しない。

文化の維持に努めることには、デメリットがあります。それは、採用で苦労することです。専門スキルだけでなく、文化の適合度でも人材を評価する。そのため、採用のハードルがぐっと上がり、必要な数の人員を採用できなくなる問題が発生しうるのです。「採用への強いこだわり」と「人員数の確保」――この2つの相反する命題に対するコンカーの戦略が、応募者数の最大化でした。そのために、さまざまな採用の施策を打っています。

採用エージェント向けには、「採用エージェント向け説明会」を定期開催して、積極的に経営情報や戦略を採用エージェントに開示しています。さらには、コンカーへの採用意欲を刺激するための「採用エージェント・アワード」なども運用しています。

また、社員の知人や過去の同僚の紹介を奨励する「社員紹介インセンティブ制度」や、人材候補者に直接コンカーの価値を伝える「コンカーを職場に選ぶ理由」という資料のネット上での公開など、採用エージェント以外の施策にも取り組んでいます。

採用後、新入社員が早期に会社に溶け込むことも重要なテーマです。そのために、社長である私と新入社員が早期にお互いを理解し合う機会になる「ウェルカムランチ」、入社後のメンタルケアを目的とした「フォローアップアクティビティ」などの施策も運用しています。

⑥人材開発

「仕事を通じて成長を実感できるかどうか」は、働きがいを感じるうえでとても重要なファクターです。人材の成長は、個々の社員が自分で汗をかいて経験した成功や失敗を通して得られる自助努力的な要素が強いものの、制度の面で会社として支援できることも多くあります。

コンカーでは、成長目標を明らかにするために、「4年後・10年後の目標」を社員と上司が話し合います。成長機会を明らかにすることは、どのような研修を受けるかの道しるべにもなります。

また、社員が先生となってほかの社員に自分の知見やスキルを教える「教え合う文化ワークショップ」、業務時間内に受講可能な「英会話クラス」、汎用性の高いスキルを学ぶ場である「ソフトスキルトレーニング」、長期で勉強したい社員をサポートする「留学のための休職制度」など、人材開発を目的としたさまざまな施策をおこなっています。

⑦人材評価

仕事に熱意とプライドを持って取り組んでいる人ほど、他己評価より自己評価が勝っているものです。評価において100％の納得は困難ですが、それでも絶対に大切にしなければならないのは、「公平性」と「公正性」です。評価に公平性と公正性を欠いては、社員の働きがいは望めません。

コンカーは中途採用の社員が多く、どの社員もじつにさまざまなバックグラウンドを持っています。こうした環境下では、前職の給与、入社後の活躍の度合い、勤続年数、年齢などさまざまな要素が絡み合い、納得性のある評価・報酬制度を構築するのは困難でした。そこで、どのような職務レベル（コンカーではこれを「ジョブグレード」と呼びます）に、どのような結果が求められ、それはどのような報酬を得られるのか、それらを体系的に整理して、「ジョブグレード制度」として運用しています。

また、外資系企業では管理職を外部から採用するケースが多くありますが、コンカーでは初期のコアメンバーを除き、管理職は１００％、現場で活躍した社員を内部昇格させています。

⑧働きやすさ

「働きやすさ」を高めることは、「働きがい」を高めることに直結するわけではありません。それでも、働きやすさを高めることが社員の便益になるのであれば、リソースの許す範囲でどんどん取り組んでいこうと考えています。たとえば、働きやすさを徹底的に考え抜いたオフィス環境はもちろん、ワークライフバランスを確保することを目的とした「有給休暇奨励日」や、家族の健康まで視野に入れた「家族も含めた予防接種デー」など、さまざまな取り組みをおこなっています。

特に、女性の働きやすさを高めるために工夫をこらしてきました。コンカーは女性社員の比率が4割を超えており、女性社員の活躍が会社のパフォーマンスに直結します。優秀な外部の女性候補者にコンカーに興味を持ってもらうこと、そしてなによりコンカーで働く女性社員が安心して幸せに働くことは、会社にとって最重要テーマの1つです。女性社員にとって大切な出産や育児が仕事を続けるうえで障害にならないよう、「100時間勤務制度」「ベビーシッター料金の半額補助制度」といった制度の拡充に取り組んできました。

こうした取り組みが評価され、日本における「働きがいのある会社」女性ランキングでコンカーは、2017年に小規模部門で4位、2018年に中規模部門で3位と高い評価を受けています。

第 2 章

戦略の可視化・実行

社員に高い視座を持ってもらい、
最高のパフォーマンスを発揮できるようにする

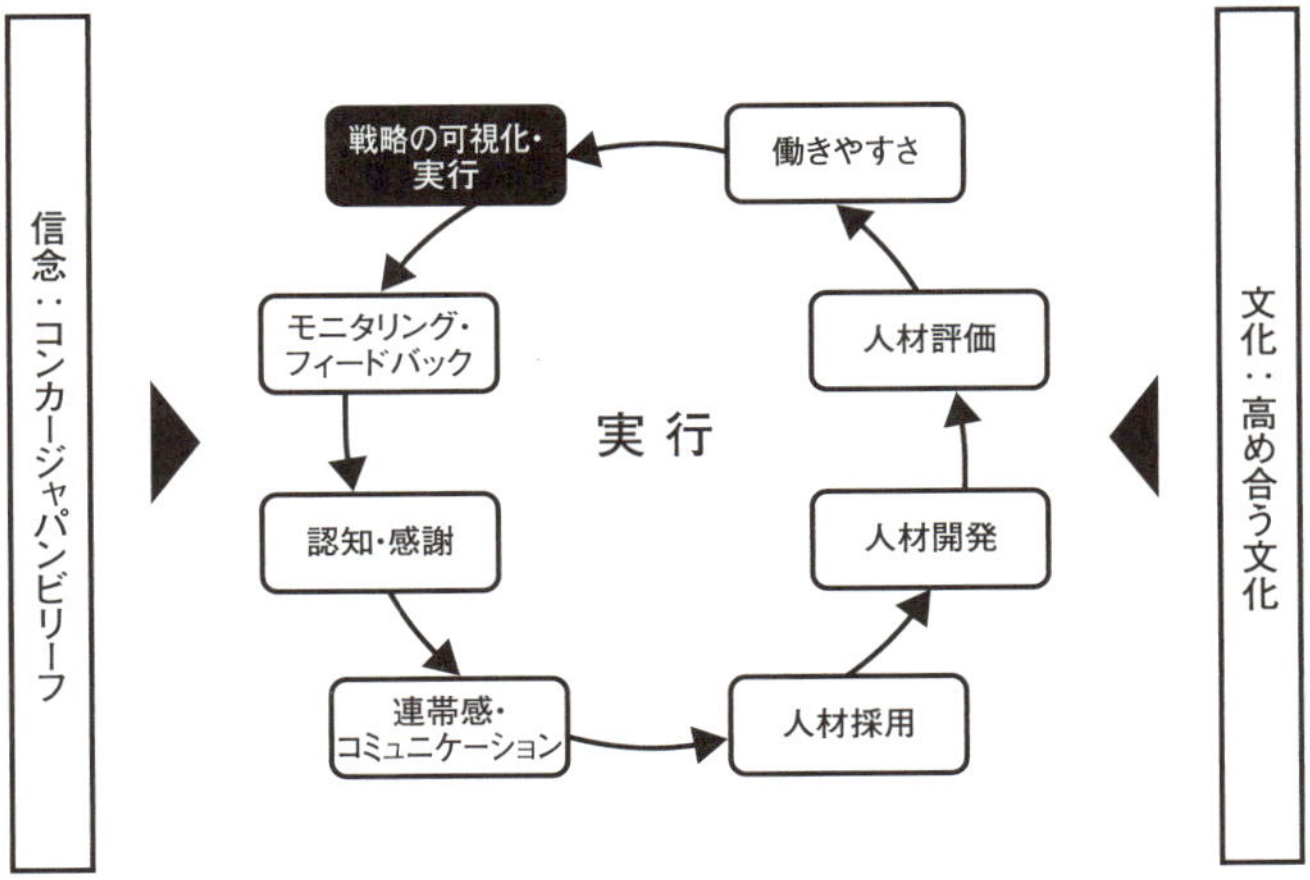

「各部門、各個人で遂行する仕事の目的を理解し、
その達成のために一丸となって邁進できています」

四半期に一度、会社の戦略・方向性を分かち合う「オールハンズミーティング」

情報を開示すればするほど、意欲や信用は高まり、協力が生まれる

コンカーでは、四半期に一度、全社員が集まって、半日かけて戦略を共有する時間を設けています。これを社内では「オールハンズミーティング」と呼んでいます。各四半期に入って、3週目におこなわれることがほとんどです。

コンカーでは、経営において社員を重要なステークホルダーと位置づけ、会社の事業状況から戦略、リスクまで徹底的に透明化して共有しています。これによって、自分たちの部門内に閉じたタコツボ化や瑣末な部門間の軋轢を解消して、全社の方向性を一致させられると考えています。

最初にSAPジャパンの事業本部長になった29歳の頃、経営に関する書籍を貪り読み漁りましたが、その中に、「社員に対して情報を開示すればするほど、社員の意欲と会社に対するロイヤリティや信用は高まる」という考え方がありました。当時勤めていたSAPジャパンは、年に2回ほど全社員が集まる会議がありましたが、くわしい経営情報はそれほどオープンにはされていませんでした。当時の私は、経営やマネジメントに関する知識や経験はほぼ皆無。書籍で「これは」と思った考えはまずは試してみることにしていたので、自分の部門で実際に試してみたところ、社員のモチベーションが驚くほど高まったのです。

もちろん、何度もお伝えしているように、ミッションやビジョンは大事で、それを共有することにより、マイクロマネジメントの必要性が大きく低下するのも事実です。しかし、ビジョンを共有するだけでは、具体策がわからず、部下は迷ってしまうこともあります。そこで、ビジョンだけではなく、「会社はどんな戦略を持っていて、どんな課題に直面しているか」をしっかり共有することによって、社員の視界は大きく開けていくのです。

これがないと、瑣末な問題に拘泥するようなことになりかねず、自分の部門の利益ばかり気にしたり、「だれかとだれかが仲が悪い」といった社内の噂話やゴシップが気になったりしてしまいます。

ビジョンに加えて、戦略と課題を共有していれば、「会社がこっちに大きく向かっているので、他部門からこんな要請があれば、それを実現するために双方で協力するのは当たり前だろう」というムードが生まれていくのです。

頭ではなんとなくわかってはいても、それを繰り返し、はっきりと伝えていくことが大切です。何度も何度も発信していく。だから、四半期に一度、オールハンズミーティングをおこなう意味があるのです。コンカーの強みには、風通しのよさや部門間の協力関係のよさがありますが、その1つのインフラとして機能しているのが、情報開示の透明性なのです。その象徴といえるのが、オールハンズミーティングです。

いいことだけでなく課題も共有するから、社員が経営に近い感覚を持つようになる

権力の構築の仕方として、「情報を開示しない」という考え方もあります。情報を小出しにしたり、出す度合いをコントロールすることで、権力を強固なものにしていくことができると。しかし、コンカーにはそうした考え方は一切ありません。

むしろ逆で、完全にオープン。これには、新しく入った社員のだれもが「会社がそこまで明かすのか」と驚きます。しかし、この「完全オープン」が社員の視点を上げることに大きな効果をもたらしています。

コンカーの日本法人は、外資系のＩＴ企業としてはめずらしく外部資本（先述したアレ

ン・マイナー氏が率いる日本のベンチャーキャピタルであるサンブリッジ）が入っています。通常の外資系ＩＴ企業だと、取締役会はほとんど形骸化しており、営業的な報告が主体のビジネスレビューになっていることが少なくありません。しかし、コンカーの日本法人は、外部のステークホルダーをボードメンバーとしているので、米国本社の社長を交えての取締役会を四半期に一度、必ずおこなっており、その中で事業の状況、戦略、課題、方向性をつまびらかにしているのです。

外資系企業の本社が日本支社に抱く典型的な問題意識が、経営状況のブラックボックス化です。日本人特有の「言わないでもわかる」の空気を読み合う感覚は、欧米人、特にしっかり言葉で伝え合うことをコミュニケーションの基本にしている米国人が経営する本社には通用しません。本社に対してしっかりとした説明責任も果たしていないのに、「本社は日本の特殊な状況をわかってくれない」と嘆く外資系の日本人社長が多くいます。経営状況がブラックボックス化していても日本支社の業績がよければそれでも看過されますが、いったん業績が落ち込むと、本社からその原因が見えないので手の差し伸べようがありません。情報の不透明性が不信感に発展し、日本人社長は苦境を乗り切ることができず、社長の立場から退場を強いられます。こんな退任劇がなんと多いことか。

コンカーでは、マッキンゼー時代を思い出しながら、本社の経営陣を当時のクライアントに置き換えて、一切手抜きせず経営情報を可視化しています。いい情報を伝えて歓心を買うのではありません。「今、ビジョンに向かってどんな戦略を打とうとしているのか」「そしてそれはどんな課題や制約条件に直面しているのか」これらをしっかりと伝えているのです。そうした透明性が本社との信頼感のベースにもなっていて、数字が厳しかった創業期も「ジャパンはやるべきことをやっている」と評価され、本社は日本法人を見守るスタンスを取り、立ち上げ当初数年間の苦境を乗り越えることができたのでした。

社員向けのオールハンズミーティングでは、この取締役会の内容をベースにしています。本社は重要なステークホルダーですが、社員は私にとっては本社以上に重要なステークホルダーです。ですから、本社に共有している非常に詳細な経営情報に加え、社員が必要だと思える情報は極力伝えるようにしています。

外資系企業では、日本法人の社員にあまり情報を開示しない企業も少なくありません。しかし、販売予算の達成状況はもちろん、利益の状況やキャッシュバランスも含めて、私は社員と共有することにしています。

しかも、いい話だけではなく、会社の課題や制約条件も共有しています。そうすると、これらの問題を〝会社の問題〟ではなく〝自分たちの問題〟として捉えてくれるようになり、会社について「ここがダメ」とか「これをしてくれない」といった不満を言い募るのではなく、「自分たちになにができるか?」を建設的に考えてくれるようになります。

このように、社員に会社の情報をつまびらかに公開することは、社員の視座を上げるという大きな効果が得られる一方で、副作用はそれほどありません。

あえて副作用を挙げるなら、公開するための準備が大変なことぐらいです。私はオールハンズミーティングを社員の視座を上げるための最重要イベントと位置づけていますので、準備に自分の週末を2回ほどつぶしていますが、その意義を考えるとまったく苦ではありません。

発表の場を作ることで、戦略を整理するリズムができる

そして、せっかく全社員が集まる機会ですから、今では経営情報以外の内容も発信する場としても活用しています。経営情報や戦略の共有のほかに、新たに入社した社員の紹介、昇進昇格した社員の紹介、社員の結婚報告、社員の出産報告、トップセールスやトップディール。また後述する「感謝の手紙」を多く受け取った社員や「従業員アワード」の受賞者の発表などをおこないます。

また、オールハンズミーティングでは私がトップバッターで話しますが、そのあとに各部門のリーダーがそれぞれの部門の事業状況や戦略の発表をおこないます。こうすることで、他部門が何を考え何を目指しているのか、すべての社員の理解が深まり、部門を超えたコラボレーションの素地になるのです。

そして、新規事業の責任者からの進捗状況の発表、導入部門の社員による導入プロジェクトの成功事例の報告、営業による商談の成功事例の報告、各タスクフォースからの報告が続きます。

こうした発表の場があることは、戦略を整理するリズムにもなります。取締役会とオールハンズミーティングがなければ、日々の目先の業務に忙殺されてしまい、経営状況や戦略をここまで細かく整理することはしないかもしれません。逆にいえば、オールハンズミーティングがあるから、整理しようとするのです。これがリズムになっている。オールハンズミーティングを目がけて、コンカーのマネジメントチームはみな、戦略を整理していくのです。

こうした取り組みが功を奏して、ＧＰＴＷの評価結果でも、経営情報の透明性に関しては社員から高い評価を得ています。

オールハンズミーティングは社員の視座を高め、そして同時に経営に対する信頼感を強める効果があります。また、マネジメントチームが戦略を整理するリズムにもなります。準備は大変ではありますが、投じた時間に見合う意義はありますので、ぜひほかの企業でも取り組んでいただきたいと思います。

業務を離れて問題や未来を議論する「オフサイトミーティング」

環境を変えれば、スイッチを切り替えられる

「情報が隠される」「社員同士が協力しない」「疑心暗鬼の空気が広がる」など、危機的状況にあったコンカーを救ったのが最初の合宿だったという話はすでに書きました。それは創業3年目のことです。以来、とても大きな意味があるとわかったこの合宿は「オフサイトミーティング」と名前を変え、年に一度、毎年開催するようになりました。

もとより創業当初は、さまざまなものが混沌としていました。社員は日々の仕事に追われて疲弊していましたし、私自身もやらなければいけないことが山積しており、マネジメントについてじっくり考える時間を取ることができませんでした。

SAPジャパン時代、私の事業本部では主要メンバーが集まって、毎年合宿を開催し、戦略や部門の方向性などを泊りがけで議論していました。その当時の主要メンバーの1人がコンカーに来てくれており、その社員から「SAP時代にやっていた合宿をコンカーでもやりましょう」と提案してくれました。人の問題や日々の多忙さから、SAPジャパン時代にマネジメントのインフラとして機能していた合宿の存在をすっかり忘れていたのです。

「日々に忙殺され合宿のことをすっかり忘れていた。それはやるべきだ」そう思いました。問題は山積していましたが、1日、朝から夕方まで業務から離れて、会社の未来について考える時間を強制的に作るべきだと考えたのです。

日常業務を忙しくこなしながら、頭のスイッチを切り替えて、数年先のことを考えるのは難しい。しかし、合宿で会社を離れ、違う雰囲気の中で全員が集まれば、スイッチをうまく切り替えられます。私自身も、目の前に山積する業務からいったん離れて、腰を据えて会社の未来を考える時間を持つことができました。

合宿での議論を実行へとつなげる5つのステップとは

最初の合宿の進め方を見ていきましょう。当時の社員数はわずか17人だったので社内で開催することもできましたが、気分を変えるために、朝から夕方まで外部の会議室を借りて開催しました。

活発な議論を促すため、「合宿のルール」を定め、冒頭で説明しました。これは今も変わらぬ合宿のルールとして、毎回必ずオープニングで説明しています。

- 自分の職種や立場をいったん忘れる
- 考えの異なる意見には、否定ではなく、改善（発展と結合）を
- 議論のときは積極的に発言する
- 聴くときは、傾聴し思考する
- 前向きに、建設的に
- PC、スマホによる内職は厳禁

ここからが合宿の中身です。まずコンカーの将来のあるべき姿として、「全世界のコンカーの中で米国に次ぐナンバー2の事業規模」「国内IT企業で最も働きがいのある企業」を据えたのは前述のとおりです。

そして、「この2つの大きな目標を達成するためには、解決しなければならないこと、やらなければならないことがたくさんある」という問題意識を共有し、その課題解決の道

筋を次の5つのステップとして明らかにしました。

合宿で検討する範囲

①会社の課題を抽出する
②深層原因や打ち手について議論する
③具体的な打ち手として施策化する

合宿後の活動

④打ち手を実行する
⑤課題の解決状況を把握し、随時、打ち手を見直していく

合宿では①から③を実施して、会社の課題を抽出して議論し、具体的な打ち手として施策に落とし込みます。

合宿で議論だけして終わっては意味がありません。合宿後の取り組みとして④から⑤、つまり実行をしながら、その状況を把握し、随時打ち手を見直していくことも社員と共有しました。

施策化したら、必ず実行です。実行状況を随時、社員と共有することも大切です。合宿

を開催して施策に落とし込んでも、その後アクションを取らないなどしてしまうと、社員からの信頼を失ってしまい、次回の合宿以降、社員がシラけてしまうので注意が必要です。

役割や役職を超えた議論を通じて心が1つに

このとき、議論のベースになったのが「事前アンケートの結果」でした。社員が抱えている課題意識を把握するために事前アンケートを実施し、上がってきた課題を合宿の前に私が領域と優先順位別に整理しておいたのです。

合宿では、メンバーを4〜5人のチームに分け、事前に整理しておいた課題の各領域を各チームに割り当てて議論を深めてもらいました。そして、大判のポストイットなども活用しながら、検討結果をまとめ、各チームから発表してもらいました。実際、ここで出されたアイデアが、その後コンカーが変わっていくさまざまな打ち手につながっていくことになります。

業務を離れ、合宿の形を取ったことによって、だれもが漠然と感じていてもやもやしていた会社の課題を、きちんと議論のテーブルに乗せて整理し、解決への道筋を作ることができました。

合宿では、普段話すことのない社員同士が、役割の違いや役職の上下の垣根も取り払っ

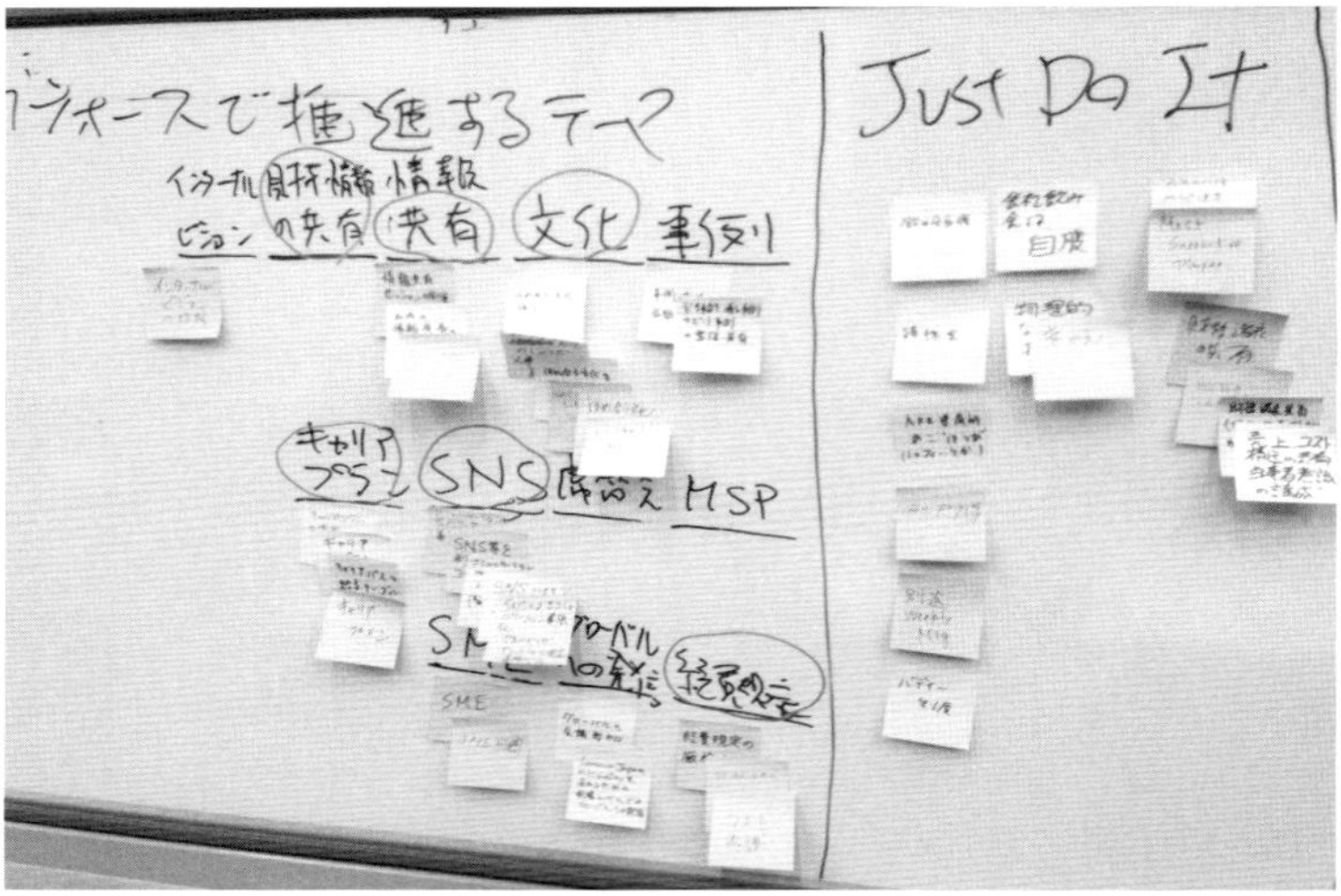

第1回の合宿で使われたホワイトボード：施策のうち「重要度が高く」「実現容易性も高い」ものは“Just Do IT”施策としてすぐに実行に移した

て議論します。「会社を良くしたい」という同じ目的意識を持ちながら、参加者が徹底的に議論し合うことを通じて、社員同士の相互の理解が深まり、心が1つになる効果があることも実感しました。

最初の合宿で、あらためてその効能を知ったことで、合宿はその後「オフサイトミーティング」と名前を変え、年に一度、定例化することになっていきます。

会社の状況が変化すれば、オフサイトミーティングのテーマも変化していく

2013年から始まった合宿・オフサイトミーティングは、2018年に本書を執筆している時点で6回の開催を数えました。そのときどきの会社の状況に合わせて、毎回のテーマを設定し開催しています。

2013年　第1回「課題の抽出と施策化」

会社がまだ混沌期にあったため、課題を中心に議論。その後の「文化部」の設立など、現在の会社の基礎となる各種の施策につながりました。

2014年　第2回「コンカージャパンビリーフの定義」

コンカージャパンビリーフを構成するミッション、ビジョンを社員と共有し、これに加えてコアバリューを全社員で検討し、定義しました。

また、オペレーション上の課題がまだ多く残っていたことから、第1回と同様に「課題の抽出と施策化」の議論もおこないました。

2015年　第3回「ミッションの議論を通じた相互理解」

社員数が急速に増え始めたことを背景に、「他部門の仕事の内容をもっと深く理解したい」という社員の要望を受け、複数の部門の社員からなるチームをランダムにグループ分けし、他部門のミッションを考える、というユニークな取り組みをおこないました。

2016年　第4回「コンカーの優れている点・中堅中小事業戦略」

オペレーション上の課題がほぼ解決されてきたことを受けて、課題の議論から離れ、コンカーの強みとは何かを議論しました。議論の成果物は、コンカーへの転職を考えている外部人材に発信することを前提とし、「コンカーを職場に選ぶ理由」という資料の一部として掲載。後述しますが、実際にこの資料はネット上でだれでも閲覧できるようになっています。

また、翌年度からの中堅中小事業の始動に向けて、全社員でこの戦略を議論しました。

2017年　第5回「強みをより強くする」

「強みをより強く」をテーマに、各部門の強みをあらためて振り返り議論して発表しました。これは自信を深める効果だけではなく、他部門からの理解を深める効果も期待できます。

また、「高め合う文化」の浸透を目的として、過去に自分が受けたフィードバックで心に残ったエピソードを社員同士で相互に発表しました。

2018年　第6回「Concur Japan Reborn（再生）」

コンカーの過去、現在、未来を振り返りながら、オフサイトミーティングを「次のステージに向けたコンカー再生の出発点」と位置づけて議論しました。

オフサイトミーティングの準備はいつも真剣勝負

オフサイトミーティングを成功させる鍵は、経営者やリーダーが主体性を持って企画や当日のファシリテーションに関わることです。だれかに任せっぱなしとなってしまっては、経営者やリーダーの想いをそこに注ぎ込むことはできませんし、社員もそのことを敏感に感じ取ってしまいます。

コンカーでは、オフサイトミーティングの開催にあたって、数カ月前から入念な準備を実施しています。私と管理部長の2人でオフサイトミーティングのテーマとアジェンダを考え、当日のファシリテーションをおこなっていますが、毎年大変なパワーがかかります。

全社員が丸1日を費やすわけですから、その日は一部の部門を除いて会社全体の業務が

部門
部門の貢献

風土
高め合う文化

つながり
仲間を知る
自分を知る

会社
誇りに思う瞬間

はじめに	合宿の目的・Constructive feedback の Feedback	三村	10:00	0:05
	ルール	金澤	10:05	0:05
1) 部門	部門の強み・貢献	三村	10:10	0:05
	グループディスカッション		10:15	0:40
	休憩 &Buffer		10:55	0:10
	発表（1 グループ 発表 2 分半）x 16 グループ、BD は 1 分半 x 3		11:05	0:50
	休憩 &Buffer		11:55	0:10
2) 風土	「高め合う文化」Feedback エピソードの共有	金澤	12:05	0:01
	セッション振り返り		12:06	0:07
	共有（5 分考え → 2 分半 x 4）	金澤	12:13	0:17
	入力		12:30	0:10
	全体共有・Feedback の樹		12:40	0:10
	休憩（ランチタイム）		12:50	0:30
3) つながり	ハイポイントインタビュー　導入&ガイド		13:20	0:10
	インタビュー　20 分 x 2		13:30	0:50
	他己紹介（3 分 x 4）　&キーワード		14:20	0:30
	Wrap up		14:50	0:03
	休憩		14:53	0:10
4) 会社	会社の優れている点	三村	15:03	0:15
	グループディスカッション (17 グループに分かれて)		15:18	0:30
	休憩		15:48	0:15
	発表（予選　3 グループ x 3 分）→投票2分		16:03	0:15
	発表（本選　6 グループ x 3 分）→投票		16:18	0:25
5) Wrap up	合宿振り返り（本日の気づきと今後の決意）	三村	16:43	0:15
懇親会	片付け・懇親会準備		16:58	0:12
	懇親会		17:10	1:20
	懇親会終了		18:30	

2017年　オフサイトミーティング　アジェンダ例

完全に停止してしまいます。これは費用的にも大変な投資であるばかりでなく、内容が伴わないと社員のやる気が増すどころか、やる気を削いでしまうというプレッシャーがいつもあります。

しかし毎年、オフサイトミーティングの後は、参加した社員も、企画運営した管理部長と私自身も、大きな達成感が得られます。参加した社員は、議論を通じて一定の成果物を生み出すことの意義もさることながら、「他部門の社員と深くコミュニケーションできる貴重な機会である」と受け止めているようです。

日常業務と並行しての準備は大変ではありますが、社員が生き生きと議論する姿や、終わった後の社員の高揚感に満ちた表情を思い浮かべながら、毎年真剣にプレッシャーと戦いつつ、オフサイトミーティングの開催に取り組んでいます。

大きな組織であっても全社員が参加して合宿を開催するヒント

コンカーでは、社員数が170名になった今も、全社員がオフサイトミーティングに参加しています。

オフサイトミーティングの運営の基本は、「グループで議論」して「各グループから議論した内容を発表」することです。初回の参加者は10数人でしたから、4～5名のグループも3つか4つで済み、全員が全グループの発表を聞くことができました。しかし、2017年のオフサイトミーティングでは参加者が100名を超えました。こうなると、5名のグループでも20グループになってしまい、全グループの発表を全員で聞くことは、間延びもしてしまいますし、時間的にも不可能です。

そこで編み出したのが「予選方式」です。まず、全グループを4つから5つ程度のグループから編成される「予選グループ」に分けます。2017年は100人の社員を5名1グループで20グループに分けました。この20グループを、4つのグループから編成される予選グループに分けたので、最終的に5つの予選グループが編成されました。その予選グループの中で、各グループが発表し合い、予選グループ内で優秀グループを選出します。こうして選出された優秀グループが、全社員の前で発表します。

本来は「全グループの内容を聞きたい」と社員も私自身も思うのですが、時間的な制約からそれは不可能なので、この「予選方式」は折衷案として有効に機能しています。予選に落ちたグループの成果物も、社員の目に触れるよう後日メールで共有したり、オフィスの壁に成果物を貼ったりするなどしています。

この方式により、300名~400名程度までは、全社員参加型の今と同じスタイルのオフサイトミーティングを運営できる手応えがあります。実際、2018年の参加者はじつに150名を超え、グループ数も30グループに増えましたが、予選グループの数を増やしたり、各予選グループに含まれるグループ数を増やしたりして参加人数の増加を吸収することができ、問題なく運営することができました。1000人を超えるような大企業であっても、事業部の単位で考えれば、全社員が参加しての合宿を開催することができるのではないでしょうか。

「自分の会社や組織は人数が多いから」とはじめからあきらめず、全社員参加型の合宿の開催にぜひチャレンジしていただきたいと思います。全社員が参加することは大変ではありますが、その企画・運営の労に見合うだけの意義をきっと感じ取れるはずです。

危機から再生へ。オールハンズミーティングとオフサイトミーティングを通じた取り組み

ここまで全体会議「オールハンズミーティング」と合宿「オフサイトミーティング」について触れてきましたが、近年、オールハンズミーティングとオフサイトミーティングの機会を活用しておこなった取り組みの実例をご紹介したいと思います。

2018年4月第2四半期オールハンズミーティング：強烈な危機感を共有して目を覚まさせる

前述したように、2018年に入り、日本は国別実績で米国に次ぐ2位になり、そして日本で最も働きがいのある会社になるという、2013年の合宿で掲げた2つの大きな目標を達成することができました。さらに3月には、それまでの3倍以上の大きさとなるGINZA SIXの最新のオフィスに移転し、社内は「コンカーは順風満帆である」との楽観的なムードでいっぱいでした。

本来これらは大変に喜ばしいことなのですが、私は7年間走り続け、当初想定していたほとんどの目標を達成してしまった反動か、ある種の燃え尽き感を感じていました。また同時に、一部の感度の高い社員から危機意識のシグナルが出始めていましたし、社内では今まではなかった部門間のチームワークの不全といった不協和音も耳にするようになっていました。以前であれば、なにか危機的状況が起これば、部門の垣根を超えて連携していたのが、「自分の仕事の範囲はここまで」「自分の部門としてはここまでやったので、あとはそちらで」といったコメントを耳にするようになり始めたのです。

成功に安住して会社視点が希薄化し、タコツボ化を招いてはいけない。問題の芽が小さいうちに対処しなければならない。なにより社長の自分自身が燃え尽きている場合じゃない――そう考えて、GINZA SIXに移転した最初のオールハンズミーティングは、強烈な危機意識を社員と共有する機会として位置づけることにしました。

普段、前向きで建設的な私のいつものトーンとはあえて雰囲気を変えて、このように言いました。「2018年は、コンカーにとって勝負の年になる。うまくいけば『2018年はさらなる成長が始まった年』になりうるが、うまくいかなければ『2018年が〝終わりの始まり〟』になりかねない」と。

いつも社員と課題を共有するときは、必ず具体的な打ち手もあわせて共有するのが私のスタイルです。しかし、この時は具体的な打ち手を出さず、危機意識の喚起に終始しました。反応は二分されました。ショックを受けた社員も少なからずいたようです。しかし、同時に、「むしろいつもとは違うストレートな危機意識の共有に奮い立った」との声も多く届きました。

実際、このオールハンズミーティングを境に、「部門間でいがみあっている場合じゃない」「課題に目をそらさず向き合わなければならない」と、社員の意識が明らかに変わり始めたのを感じました。

2018年7月第3四半期オールハンズミーティング：危機意識から希望へのターンアラウンド

危機意識は必要ですが、それだけでは問題は改善せず、なにより社員の元気がなくなってしまいます。危機意識だけでは人は動きません。

危機意識の共有が終わると同時に、「3ヶ月後に予定されている次回のオールハンズミーティングでは、危機意識を希望へとターンアラウンドさせなければならない」との思いを強くしました。希望へとターンアラウンドするのが先か、社員のモチベーションが切れてしまうのが先か。時間との勝負です。

「具体的な打ち手を社員と分かち合うこと。それが希望につながる道筋になる」との方針です。ただし問題解決のアプローチとして、現状の課題をしっかりと把握しないで考えた打ち手は〝思いつき〟に限りなく近いものになりかねません。そこで実施したのが、課題のヒアリングです。全マネージャーを対象として、各自が抱いている課題意識のヒアリングを私自身が実施しました。

本来はすべての社員から課題意識をヒアリングしたいところでしたが、それは時間的に不可能なので、全社員を対象とした調査「コンストラクティブフィードバック」（後述）で得られた社員の声をインプットとして使いました。

そうして抽出された課題を、トータルで5つの視点――3つの社内視点の課題と2つの社外視点の課題に整理しました。

- 社内視点　↓　①意識の問題、②業務量の問題、③部門間連携の問題
- 社外視点　↓　④顧客満足の問題、⑤市場環境の問題

そして、この5つの課題に対応するかたちで、18のイニシアティブを打ち手として考え出しました。たとえば、①「意識の問題」については「コンカージャパンビリーフを刷新することによる原点回帰」、②「業務量の問題」については「効率化、増員、フォローの拡充など、6つのイニシアティブ」などです。

オールハンズミーティングを迎え、社員への発表です。まずイントロとして引用したの

が、スペンサー・ジョンソンの童話的ビジネス書である『チーズはどこへ消えた?』(扶桑社)という物語です。ある日突然チーズが消えてしまった状況に直面したネズミと小人の話です。「チーズが消えた」という環境の変化をいつまでも嘆いていても何も変わらない。変化を前向きにとらまえて、乗り切るために進み出す、というお話です。ヘムという小人の登場人物の台詞が印象的です。「人生は進んでいく。ぼくらも進まなくてはならない」と。

コンカーも、さまざまな環境変化にさらされている。「シンプルな製品体系」も、「こじんまりとした組織のサイズ」も、「曖昧なルールで済んだ牧歌的なオペレーション」も、「ホワイトスペースだらけの市場」も、すべて過去のものだから、その変化を受け入れて次の成長を目指して、我々は前に進み出していかなければならない、と。そのことを「Concur Japan Reborn(再生)」と称して取り組んでいく、という方針を打ち出しました。

そして、先に整理した5つの課題と18のイニシアティブを発表したのです。しっかりと実態を把握したうえで発表した課題とイニシアティブには一定の腹落ち感があったはずです。前で話していると、社員の1人ひとりの顔が本当によく見えます。それまで緊張した面持ちで私の話を聞いていた社員の表情が、前向きな解決策を聞き、その先にある〝再生〟をイメージできたからでしょうか、ぱっと明るくなった。社員の目線がそれまでの「危機意識」から、「課題の解決に向けたイニシアティブの遂行」という前向きなものにターンアラウンドした手応えを感じたのです。

社員が気づいたかどうかはわかりませんが、このオールハンズミーティングでの発表は、過去の7年間の中で最も心血を注いだものになりました。このタイミングでのターンアラウンドが失敗してしまったら、社員の信頼を失い、「危機感を煽るだけの人間」とみなされ、本当に〝終わりの始まり〟になってしまうと考えたからです。

2018年7月第6回オフサイトミーティング：Reborn（再生）に向けて

オールハンズミーティングの翌週に開催したオフサイトミーティングでは、Rebornをテーマに、現在、過去、未来という3つの視点からさまざまな議論をしました。

まず、2018年のオフサイトミーティングのメインコンテンツとして、改訂した新しい「コンカージャパンビリーフ」を共有しました。ミッション、ビジョン、コアバリューは、働きがいのドライバーの起点となる「夢や志、大義との一体感」の根幹をなす重要なテーマであり、先述した①「意識の問題」に対する打ち手になります。

ミッションとビジョンは、現在のコンカーが置かれている状況や社会からの期待にフィットしたものを事前に経営陣で検討しておき、それを発表しました。価値観としての

2018年オフサイトミーティングのテーマとアジェンダ:過去・現在・未来の観点から“再生”をテーマに徹底して議論した

オフサイトミーティングの様子:コンカーDNAセッションと題して、コンカーの歴史を振り返った。順調な現在のコンカーしか知らない新しい社員には大変だった時期を知り大変興味深いセッションとなった

未来新聞:2022年にコンカーがどのようにメディアで紹介されるかを想像して手書きの新聞を書いた

「コアバリュー」は、当日のアクティビティを通じて社員にアイデアを出し合ってもらい、後日、そのアイデアをベースに最終化するかたちを取りました。

このほか、このオフサイトミーティングを「新しいコンカーの明日を考える1日」と位置づけ、過去、現在、未来の観点からさまざまなアクティビティをおこないました。このオフサイトミーティングでは、「コンカーDNAセッション」と称し、社長である私自身の幼少期やキャリアの話、コンカーの創業前夜や当初数年間の大変だった時期の話をして、コンカーの歴史に馴染んでもらいました。また「未来新聞」というアクティビティでは、ベテラン社員と社歴の浅い社員が入り混じって、2022年を節目に置いた新しいビジョンを念頭におきながら、コンカーが2022年にはどのように世の中で報道されるか、はつらつと議論がされました。

近年入社した社員は、苦労したコンカーの過去を知りません。そうした社員は、ともすれば「急成長中の外資系企業に入社でき、勝ち馬に乗れた」などと考えてしまいかねません。そのような意識では「お客さま意識」が抜けず、主体的に会社の変革に声をあげ、汗を流すような考えには及ばなくなってしまいます。そうした社歴の新しい社員にも、この「再生」の1日を通して、新しいコンカーを創っていく意識を持ってほしかったのです。

こうして、4月のオールハンズミーティングにおける「強烈な危機意識の喚起」、そして7月のオールハンズミーティングにおける「課題の解決に向けた希望へのターンアラウンド」、さらにオフサイトミーティングにおける新しい「コンカージャパンビリーフの共有とReborn（再生）をテーマにした徹底議論」と、3ヶ月の間に立て続けにセッションをおこないました。

この危機感から希望へのターンアラウンドは、ある種の賭けでしたが、やってよかったと思っています。おそらく、このようなかたちで危機感を共有しなかったとしても、しばらくのあいだは漫然と今までの成功と成長を謳歌し続けることはできたはずです。しかし、それではいつの間にか〝茹でガエル〟になるリスクもあったでしょう。社員と成功の喜びを分かち合いつつも、浮かれ過ぎることなく、しっかりと危機感をも共有し、そして危機が顕在化する前に手を打っていく、社員とは夢と危機意識をいつも共有する――そんな経営を今後も続けていきたいと考えています。

社員の立候補で課題の解決にあたる「タスクフォース」

社長が手を動かして会社の課題を整理することが、社員へのメッセージになる

第1回と第2回の合宿・オフサイトミーティングを開始した当時、会社のオペレーションの至るところに問題があったので、課題の抽出と打ち手の検討をおこないました。事前に全社員から「会社が抱える課題」と、そうした課題に対して「施策のアイデア」を出してもらうというやり方です。課題だけではなく、必ず打ち手や施策を聞くのは、今も続くコンカーのスタイルです。

事前調査の際のポイントは、施策のアイデアに対して、発案した社員自身に「重要度」と「実現難易度」をスコアづけしてもらうことです。当日の議論を効率的に進めるためには、膨大な量の意見やアイデアを整理しておく必要がありますが、これらはその手がかり

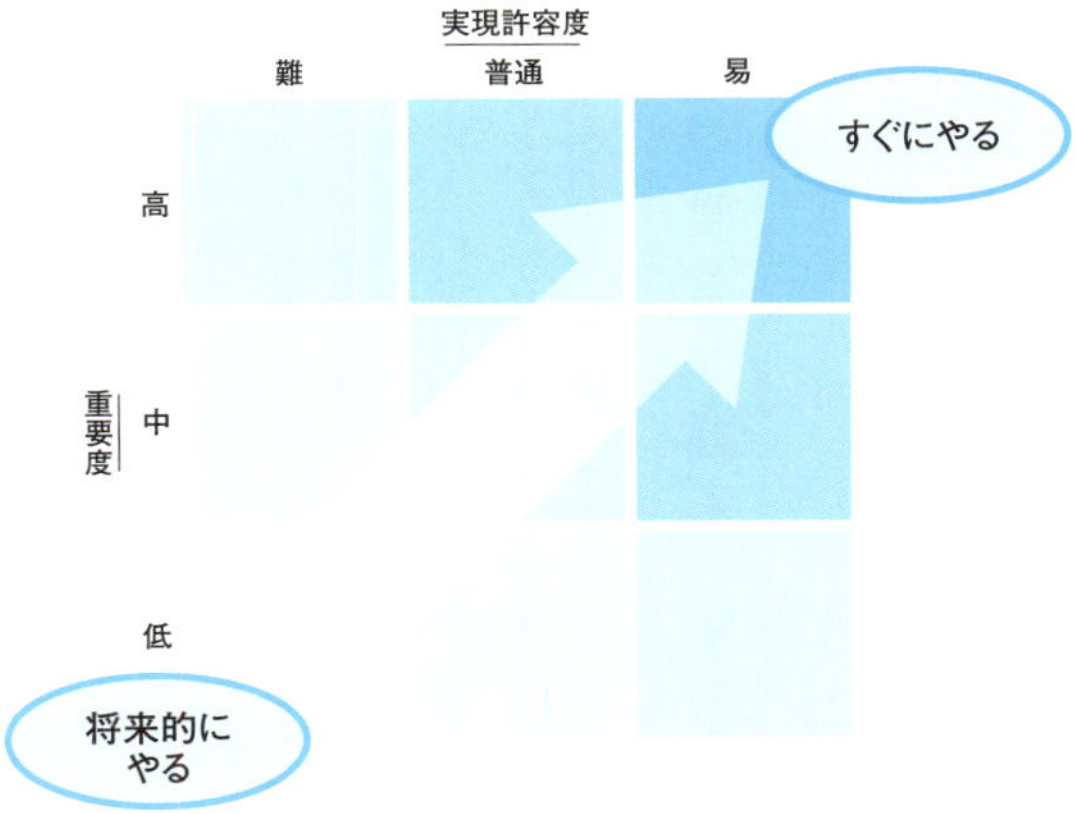

施策を分類する9象限のマトリックス:右上に行くほど優先度が高い施策となる

になります。

第1ステップ

それぞれの意見を、まず「会社全体」に関連するものか、「営業、製品、マーケティングなど、特定の業務領域」に関連するものか、どちらかに整理します。

「部門別の課題と施策」はいったん各部門に優先順位づけと実行を委ね、第1回の合宿では「会社全体の課題と施策」にフォーカスしました。

第2ステップ

さらに、それぞれの施策を社員自身によってスコアづけされた「重要度」と「実現難易度」の2つの軸で構成されたマトリックスに整理します。

重要度は「高」「中」「低」、実現難易度は「難」「普通」「易」とそれぞれ3つの分類があるので、9象限のマトリックスが形成されます。

社員から集まった大量のアイデアは一見するとまとまりがありませんが、「軸」を決めて構造化することにより、いくつかの分野に集約されていきます。

どの分野に、どんな課題があるのかを整理するのは、経営者の私の責任だと考えました。全社員が出した意見やアイデアがまとめられ、整理されている様子を見せることで、社員には私の真剣さが伝わったと思います。「会社の課題に対してなんとかしないといけない」と社長自らがきちんと手を動かしているというのは、社員にも1つのメッセージになります。

「重要度が高く、実現容易度も高い」アイデアを最優先に

こうして社員から集めたアイデアを重要度と実現容易度の9象限のマトリックスに組み入れると、とてもわかりやすくなります。

たとえば、会社として真っ先に取り組まなければいけないのは、「重要度が高く」また「実現容易度も高い」右上の象限に入っている施策です。これは重要ですし、すぐできるはずの施策なので、絶対にやらなければいけない。当時この象限に入った施策は「Ｊｕｓｔ

ＤｏＩｔ」施策と呼び、すぐに実行に移しました。

一方で、社員からの寄せられたアイデアの中には、予算やリソース的な制約から現実感のない、やや〝思いつき〟に近いものも出てきます。しかし「それは無理」とばっさり切り捨ててしまったら、アイデアを出した社員は落胆してしまいます。ですが、こうしたアイデアは、９象限の中で「重要度が低く、実現容易度も低い」と左下の象限に整理されるはずです。ここに整理されたアイデアは「優先順位的に今は取り組めないが、将来的に取り組むことを検討する」と位置づけることにより、アイデアを出した社員も尊重できるし、実際に将来的に状況が整えば取り組むことができるアイデアとして、会社にとって財産になります。

この時に出てきた会社全体の課題と施策は、大きく整理すると次の5つに分類することができました。

- コミュニケーション
- 文化
- キャリアプラン
- 経費規程
- 中堅・中小企業向け戦略

経費精算の会社であるにも関わらず、「経費規程」の見直しがテーマの1つになっているあたりに、当時いかに混沌としていたかが見て取れます(苦笑)。

やらされるのではなく、やりたい人がやるからうまくいく

そして、それぞれのテーマごとに「だれが解決していくのか」というオーナーシップを明確にしました。社長の私が担当になる施策も多くありましたが、部門横断的な施策も多く、意欲を持った社員が担当になるのがふさわしい施策が多くありました。

会社の課題や施策は、必ずしも部門や組織の単位と一致していません。たとえば、初回の合宿で主要課題として挙げられた「文化」も「コミュニケーション」も、既存のどこかの部門が担当することは困難です。そのような部門横断的な課題には、本来の組織の構造を超えた取り組みが必要です。

そうした施策に対してメンバーを募って決めたのが「タスクフォース」です。この時に最初に結成されたタスクフォースの1つが、コンカーのその後の文化の礎を築いた「文化部」でした。

重要なことは、先にも書いたように、「会社の課題はみんなで解決していく」という考え方だと私は思います。社長の私が会社のあらゆる課題に対してオーナーシップを感じる

のは当たり前のことですが、大切なのは社員自身も課題に対してオーナーシップを感じること。「だれかが改善してくれる」「会社がやってくれる」といった受け身のマインドではなく、自発的に取り組んでもらうことです。やらされ感があると力が入らない。問題意識を持ってやりたいという意欲がある人にやってもらったほうがいいのです。

このとき「文化」という課題に対して編成された最初のタスクフォースである文化部も、社員の立候補によって決まりました。そうすることで、トップダウンではなく、草の根的に社員みんなが動いてくれるようになります。最初の合宿で課題としてあがった「文化」のように経営者の一人相撲ではどうにもならない施策のオーナーシップを決める際、「だれかこのテーマを担当したい人はいますか?」との呼びかけに、社員の手が次々と挙がるのを目にした時の感動は今でもよく覚えています。

第1回の合宿で結成された「文化部」以外にも、コンカーには社員が自主的に始めたさまざまなタスクフォースが存在し、ボトムアップで会社をよくするための活動がおこなわれています。これらの活動内容については、第5章でくわしくお伝えします。

大局観を持って営業する

戦略を共有することで営業のスタイルが変わる

外資系企業には優秀な営業も多いですが、日本企業の営業と比較すると在籍期間が短く、また報酬が営業実績に大きく左右されるため、一部には短期的な視点で一匹狼的に動く営業も存在します。一方コンカーでは、そうした一部の外資系企業の営業に比べ、会社の戦略をよく理解し、長期的な観点から献身的に動く営業が多くいます。

大きく作用しているのは、四半期ごとのオールハンズミーティングをはじめとした戦略の共有です。どこに売ろうとしているのか、どんな制約条件があるのか。マーケティングがどんな動きをしているか。事業開発は何をしているか……。そうしたことが情報として入っていないと、「会社は何もサポートしてくれないから、オレが一匹狼で切り拓いてくるしかない」といった営業スタイルになりがちです。また、他部門の課題や苦労、制約条件も見えないので、「ほかの部門がどうなろうと、数字を上げたものが正義」となってしまい、「数字は上がるが、結局トラブルだらけ」といった状況を招きかねません。しかし、コンカーの営業は、会社がどこに向かい、何が起こっているのかをわかっているので、それを理解しながら、大局観を持って行動していくことができます。

たとえば、事例交渉。コンカーは事例をとても大切にしています。「いい事例がいいお客様を呼ぶ」という考え方です。外資系企業の中には、「契約を取るまでが自分の仕事であり、事例化はマーケティングの仕事」と割り切る営業も存在します。しかしコンカーでは、事例化が会社の重要な戦略であることを営業がよく理解しており、また事例企業をマーケティング活動で発信することが巡り巡って自分たちの新規案件になってその努力が報われることをよくわかっています。したがって、一般的にＩＴ業界における事例化は稼働後に交渉されるケースがほとんどですが、コンカーでは営業が商談の段階で事例化を交渉し、契約に組み込むケースがほとんどです。

余談ですが、「ＰＲドリブン経営」と呼ぶアプローチにより、記者会見や大きなイベントなどで打ち出す外部向けのメッセージを社長の私が中心となって作っているのも特徴の1つです。そのメッセージを、営業担当者が会社のメッセージとしてワンボイスで再利用することによって、会社としてどういうソリューションを、どういう価値訴求でやっていくのか、市場への訴求がしっかり固まっている——それも、コンカーの営業スタイルです。

部門長の人間性が、その部署のカルチャーになる

戦略の共有のほかに、コンカーの営業組織のカルチャーの源は、営業本部長が人格者であることです。

「会社は営業で持っているんだ。他部門は四の五の言わず、営業の言うことを聞いていればいい」

そうはっきり言う高圧的な営業本部長や営業マネージャーがいる外資系企業もあります。しかし、コンカーの営業は、絶対にそんなことは言いません。営業本部長自ら、「営業が普段、営業活動ができているのは、他部門あってこそ。だから、他部門に迷惑をかけてはいけないし、感謝をしないといけない」というメッセージを毎日、発信しているのです。

この本部長は最初のコアメンバーの1人ですが、私は採用にこだわり抜きました。外資系企業の経営者にとって、営業本部長は会社の命運を左右するような存在だからです。特

に私の場合は営業出身ではありませんでしたから、営業は基本的に営業本部長の考え方ややり方を尊重して立てるつもりでいました。

となれば、営業力が重要なのはもちろん、私との信頼関係も重要ですし、バランス感覚も求められます。それこそ、何十人も面接しました。そして何より見たのが、人間性でした。「おかしな人間性の人を本部長に据えたら、それがそのまま営業のカルチャーになってしまう」と思ったからです。

実際、今のコンカーの営業のカルチャーは、営業本部長が作っています。営業本部長は、部下である5人の営業部長に常々言っていることがあります。

「部下の前で他部署の批判を言うな」

とりわけ社内については、ついつい文句を言ったり、不満に思ってしまいがちです。たとえば管理部門の仕事についても、営業からすれば「うるさいな」と思えるケースもないわけではありません。しかし、そんなふうに思わせないようにする。何があったとしても、自分で吸収する。愚痴やクレームのようなものに持っていかない。

部下からそうした話が飛んできたとき、自分のところで収めるのは、なかなか大変なことです。しかし、これが5人の営業部長にはとてもいい教育になっていると私は感じています。そして、本部長自身が、営業部長たちをしっかりコーチングして、息抜きもさせています。本当に見事なマネジメントをしています。

感心するのは、こういうことを貫いていると、風土はまるで変わっていくことです。口が悪かった営業が、いつの間にかすっかり変わってしまっていたりする。

だから、管理部門をはじめ、社内の他部署との関係は極めて良好です。「営業だけが威張っている」なんてことはまるでない。こうして、社内の協力体制が盤石になり、お客さまへの提案や導入もスムーズにいく。いい成功事例が生まれる。これがまた、さらなる事例を呼ぶ。まさに、Ｗｉｎ－Ｗｉｎの状態が作られていくのです。

第3章

モニタリング・フィードバック

良いことも悪いこともきちんと受け止め、
次の一手を打つ

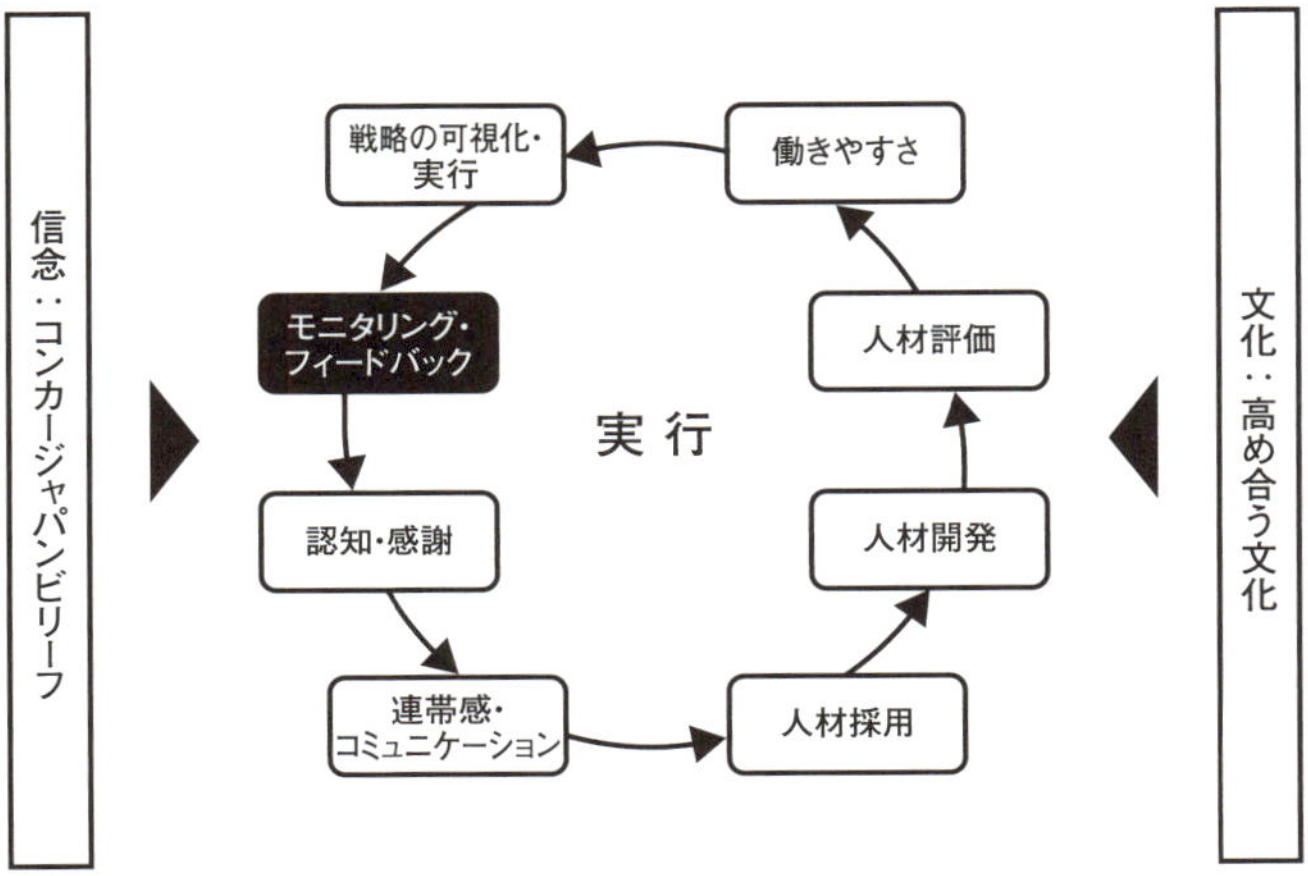

「良いところも悪いところも伝えることで、
風通しの良さ、仕事のやりやすさ、仕事のやりがいに
つながっています」

すべての社員から会社の課題や改善策を吸い上げる「コンストラクティブフィードバック」

「何をしているのかわからない」「動いてくれない」……組織が膨らむと部門がサイロ化していく

会社が合宿によって危機的な状況を乗り越えていった話はすでにしました。規模が50名を超えるくらいになっても、コンカーはとても風通しのいい会社でした。ところが、これ以上に規模が大きくなってきた頃、一部の社員が他部門に対する批判を声高に語っているのを耳にしたのです。「あの部門は何をしているのかわからない」「あの部門は動いてくれない」……私は大きなショックを受けました。以前であれば、その部門のところに行って、自分の思いを伝えれば済んだ話だったのです。それが、会社でも飲んだ席でも、そんな批判を言い放っているという。私はとても残念でしたが、こうした声をピンポイントで1つひとつつぶしても、きっときりがないと思いました。

結局のところ、それまでのコンカーには問題意識を他者にフィードバックする文化も習慣もないことに気づき、「これは放っておくと社員数の拡大とともに事態が悪化する」と危惧するようになりました。

「上司部下関係なく言い合える風土」が求心力を生む

SAPジャパンでの本部長時代から実感していたことでしたが、マッキンゼーで鮮烈に知ることになったのが、会社の風土や文化もまた、社員や組織の競争力に大きな影響を与えるということでした。

マッキンゼーには、2つのミッションがありました。1つは〝Client Interest First〟＝お客さま第一主義。そしてもう1つが〝People Development〟＝人材を育成すること。ただ単に個人がスキルを高めるだけではなく、人を育てることも大きな使命として全員が意識していました。それが、お客さまへの貢献につながっていくからです。

マッキンゼーで知ったのは、しっかりと価値観を作っていくことで、会社のベクトルがそろっていくということ。そのためにも、目指すものや会社の文化が極めて重要になるということでした。

では、どんな文化を作っていくのがいいのか。その象徴としてマッキンゼーで体感し、私がコンカーで掲げたのが、のちに「高め合う文化」の根底にある「フィードバックする文化」でした。

マッキンゼー時代、とても印象に残っている出来事がありました。あるプロジェクトで新卒2年目の若手社員と組んで動くことになったのです。その彼が、プロジェクトの途中でこんなことを言いました。

「三村さん、フィードバックがあります。お茶を飲みに行きましょう」

そう連れ出されて、私は仕事の進め方について、いろいろな指摘を受けたのでした。コンサルタントとしての作法、仕事の進め方など、とても細かなことについて、彼から見て私の気になるところについてフィードバックを受けたのです。

私はSAPジャパン時代、創業メンバーの1人であり役員のような立場にありましたから、若い新卒社員からすれば、雲の上のような存在だったと思います。ましてや、若い社員から仕事の進め方について指摘が飛んでくるなんてことは、まずありえません。

私は驚いたと同時に、とても身につまされました。前職で高い役職にあったといっても、マッキンゼーでは駆け出しで仕事の進め方もわからない新米コンサルタントです。そうやってフィードバックをもらえたおかげで、それは学ぶ機会となり、自分の仕事がしやすくなったことを強く実感しました。

しかも、細かな指摘の内容もさることながら、フィードバックされたことによって、相手に対する信頼と敬意の念が芽生えたことに気づきました。嫌いな相手、どうでもいい相手に、耳の痛いフィードバックをするでしょうか。その若手社員には、私に「成長してほしい」という願い、そして「耳の痛い話をしても受け入れるはずだ」との信頼感があったのだと思ったのです。ちなみに、この若手社員は今もマッキンゼーに在籍し、要職に就いています。私がマッキンゼーを卒業した後も人生の節目節目で接点がある、大切な友人です。フィードバックで芽生えた友情と信頼感は、10年経った今も続いているのです。

マッキンゼーでは、苦しいプロジェクトを1つ終えると、こんなふうに上司部下関係なくフィードバックし合うことがよくありました。その都度、気がついたことは、立場に関係なく言い合います。これはむしろ、「相手の問題点に気づいているのに、相手にフィードバックをしないのは悪だ」との価値観すらあったように思います。

先に述べたコンカー社内で起こってしまった他部門の陰口のことを思い巡らせている中で、この素晴らしいマッキンゼーでの体験を思い出しました。コンカーでも「こんなふうにお互いをフィードバックし合う文化を作ることができたら」と考えたのです。

批判は「改善点」になるのだから、仕組みとして吸い上げればいい

考えてみると、他部門や会社に対する批判は、裏を返せば「改善点」になるのだと思いました。そこで、「改善点を仕組みとして吸い上げればいいのではないか」と考えたのです。社員が会社や上司、他部門に対して課題やその改善策を伝える機会。匿名で意見を言える機会、直接は言いづらいことも伝えられる機会です。

振り返ると、はじめておこなった合宿のとき、まさにこれをやっていたのでした。先述のとおり、事前に全社員に、会社が抱えている課題について、洗いざらいアンケートで書いてもらい、その課題を私が会社全体の視点、領域別の視点から重要度と難易度に振り分け、それをどのようにして、どんな時間軸で解決していくかを全社員で話し合いました。そして、解決できそうなものを絞り込み、社員が自発的に「タスクフォース」を作って解決するべく動きました。こうして課題を1つずつ丹念に解決していくことで、社内の機能不全や社員の不満は確実に解消されていったのです。

ならば、これを定期的におこなえばいいのではないか。そうすることで、社員数の拡大と関係なく、社員の課題意識や改善のアイデアをタイムリーに知ることができます。

実際、会社、他部門、上司に対して改善のアイデアがあっても、改まって伝える機会は

なかなかありません。当時、「360度評価を導入してはどうか」という声が一部の社員からありましたが、私がやりたいと考えたのは、個人の評価ではなく、あらゆる観点・立場での改善機会の特定でした。

こうして、年1回の「コンストラクティブフィードバック」がスタートしました。端的にいえば、社員に向けたアンケートです。

ポイントは、単なる不満や思いつきの共有にならないよう、会社全体、他部門、上司に対して「建設的な」フィードバックを記入すること。「建設的」を強調するために、施策の名前にも建設的を意味する〝コンストラクティブ〟を付けました。課題も、調査項目としては「課題」と記述せず、「より強くするために」という建設的にならざるをえない聴き方をしています。

また、改善点だけでなく、優れている点も積極的にフィードバックすることも1つの特徴です。マッキンゼー時代にはフィードバックを受ける際、みな一様に「三村さんは〇〇が強みなので、そこをもっと伸ばすといいです。そして弱みは〇〇ですが、直すともっとよくなると思いますよ」という感じで、弱みをフィードバックする前に、必ずと言っていいほど強みにも触れます。弱みを言われるのは耳が痛いですが、強みのフィードバックがワンクッション入り、その痛みを和らげる効果があったのを思い出し、また実際にせっかくの強みを本人が自覚していないことも多いことから、弱みだけではなく、強みのフィー

1. 会社へのフィードバック
   - 優れている点
   - より強くするために
     - 改善すべき点
     - 改善案

2. 上司の上司へのフィードバック
   - 優れている点
   - より強くするために
     - 改善すべき点
     - 改善案

3. 直属の上司へのフィードバック
   - 優れている点
   - より強くするために
     - 改善すべき点
     - 改善案

4. 他部門へのフィードバック
   - 優れている点
   - より強くするために
     - 改善すべき点
     - 改善案

5. 個人へのフィードバック＜支援を必要としている人＞
   - 周囲に支援が必要と感じる人がいれば、その方の状況

6. 個人へのフィードバック＜感謝の手紙＞
   - 感謝の想いを伝えたい人へのメッセージ

コンストラクティブフィードバックアンケート内容:会社、上司、上司の上司、他部門に対して、強みと要改善点を問う。あわせて、「支援を必要としている人」の情報、「感謝の手紙」を集める機会として活用している

会社	強みと優れている点	オフサイトミーティングやオールハンズミーティングで全社員で共有	
	より強くするために	会社全体の課題として施策化	
上司	強み	上司にフィードバック →	今後のさらなる成長の糧に
	より強くするために	上司にフィードバック →	改善案を作成・実行をフォロー
他部門	強みと貢献	各部門内で共有 →	各部門で成長のはげみに
	より強くするために	各部門内で共有 →	改善案を部門内で検討
助けを必要としている人		対象者にインタビュー →	改善案を作成・実行をフォロー
感謝の手紙		紙に打ち出して共有 →	今後の励みに

調査のポイントと今後のアクション:聞きっぱなしではなく、きちんとアクションにつなげることを社員に明らかにすることが大切

ドバックも集めることにしたのです。

「シンプルさ」と「定期的な実施」でフィードバックの億劫さを小さくしていく

コンストラクティブフィードバックではシンプルな項目設定をしているので、記入はとてもかんたんです。部門名は記入しますが、個人名は記入しません。時期は、毎年おこなっている「オフサイトミーティング」の前に実施しています。

ポイントは、全員から、定期的に聞くこと。フィードバックは、心理的障壁があるので、億劫になりがちです。その億劫さを、シンプルさと定期的に実施することで小さくしていくことができます。

提出は、全員に義務づけられています。全員からの提出が終わるまで、上長によるフォローを求めます。自分のチームのものを責任持って100％集めてくることを上長の責任にしているので、最終的にはすべて集まります。

あくまで「全員」ということにしているのは、意味があります。ネガティブな意識を持っている人ほど、会社によるアンケートのようなものには背を向け、陰口として潜在化してしまう危険性が高いからです。しかし、ネガティブな人の声を吸い上げないと、会社の本当の病巣はわかりません。だから、あえて全員に回答を義務づけているのです。

厳しい声が出てくる可能性もありますから、経営者にとっては怖さもあります。しかし、それに真正面から真摯に向き合って、改善していかなければ、病巣と闘うことができないのです。

ネガティブなフィードバックでも、アンケートの内容は1つのファクトになる

あるとき、他社の方から、「当社も同じようなことをしていますよ。目安箱を設置しているんです」と聞いたことがあります。しかし、私は目安箱はお勧めしません。「いつでもできる」は「億劫なのでいつまでもやらない」につながります。全社員に一斉調査を働きかけることによって、少し日常業務の手を休めて、会社や他部門に対する問題意識や建設的な打ち手を考える時間を取ってもらうのです。

また、目安箱では一部の人の声しか把握できません。少数の声を大切にすることは重要ですが、ごく一部の偏った問題意識に過剰反応したり振り回されたくない。社員全員の声を吸い上げることで、底に流れる共通した問題意識を把握できるようになります。

「社長にいつでもメールすればいい」という会社もあるようですが、それをするには社員に相当な勇気が必要なので、こちらもあまりお勧めできません。

また、上司についても「強み」と「より強くするために（つまり課題）」を聞きますが、

査定には使いません。上司の上長と共有し、ワンクッション置いてから上司にフィードバックしてもらっています。部下から見れば、上司に対する課題意識を匿名で知らせることができる機会です。これを通じて、実質的には上司の多面評価がおこなわれ、現状把握を通じて、おこなうべき処置が考えられていきます。

ネガティブなフィードバックは、人によっては「いや、そんなことはない」などと、ディフェンシブに反応してしまいます。しかし、アンケートの内容は、1つのファクトになります。上司の上長から、普段から気になっていることを、「現場からもこう見えているよ」という声も合わせてフィードバックすることで、上司自身の大きな気づきになっているようです。

聞いたっきりにせず、みんなの課題として議論するから、またいい声が集まっていく

そして課題が明らかになったとき、問われるのは「会社は何をやっているのか」です。それを明らかにしなければ、「聞いただけじゃないか」と疑われかねません。こうした調査をしても、聞いただけで終わってしまう状況が続くと、社員のシラケを招き、調査に対して真剣に向き合わなくなります。コンカーでは、それぞれの調査項目に対して、どのようなアクションを実施するのかを整理し、それを社員と共有していますが、その場の1つ

を「オフサイトミーティング」にしているのです。

会社の「強みと優れている点」は、オフサイトミーティングで議論して、全員で再認識します。「より強くするために」については、特に重点課題を抽出し、施策化をしていきます。他部門の「強みと貢献」についても同様です。「より強くするために」については、本部長を集めた合宿でも議論します。

私が意識しているのは、「だれかの課題」ではなく「全員で乗り越えるべき課題」、すなわち、だれかがやってくれるのではなく、みんなで取り組むべき課題であると社員に捉えてもらうことです。そして、打ち手をはっきりさせ、すべての課題について整理し、社員とコミュニケーションして、実行に移していく。そんなことを執念深くやっていく。そうすることで、翌年もまたいい声が集まります。課題が見つかることは改善の機会を特定することであり、それは会社にとってありがたいことなのです。

建設的に、すぐに、相互にフィードバックすることで、社員同士が「高め合う」文化が生まれる

高め合う文化の浸透で、

いつでも建設的なフィードバックができる環境を作る

このコンストラクティブフィードバックは、社員や部署、会社に対する不満を社員全員で取り組むべき課題に昇華し、課題解決への行動に移すことができたことで、大きな効果がありました。そこで、社員が思い立った時にいつでも相互にフィードバックできる素地を作り、互いの成長を助け合う「高め合う文化」を築きたいと考えたのです。

そこで、フィードバックをテーマにした研修を用意し、社長の私も含めて全社員が研修に参加しました。新しい社員が入ってくると、必ずこの研修を受けてもらい、コンカー流のフィードバックを理解してもらうようにしてきました。

重要なことは、タイムリーかつ建設的にフィードバックすることです。

フィードバックの大切さ - 自分と相手の成長のために

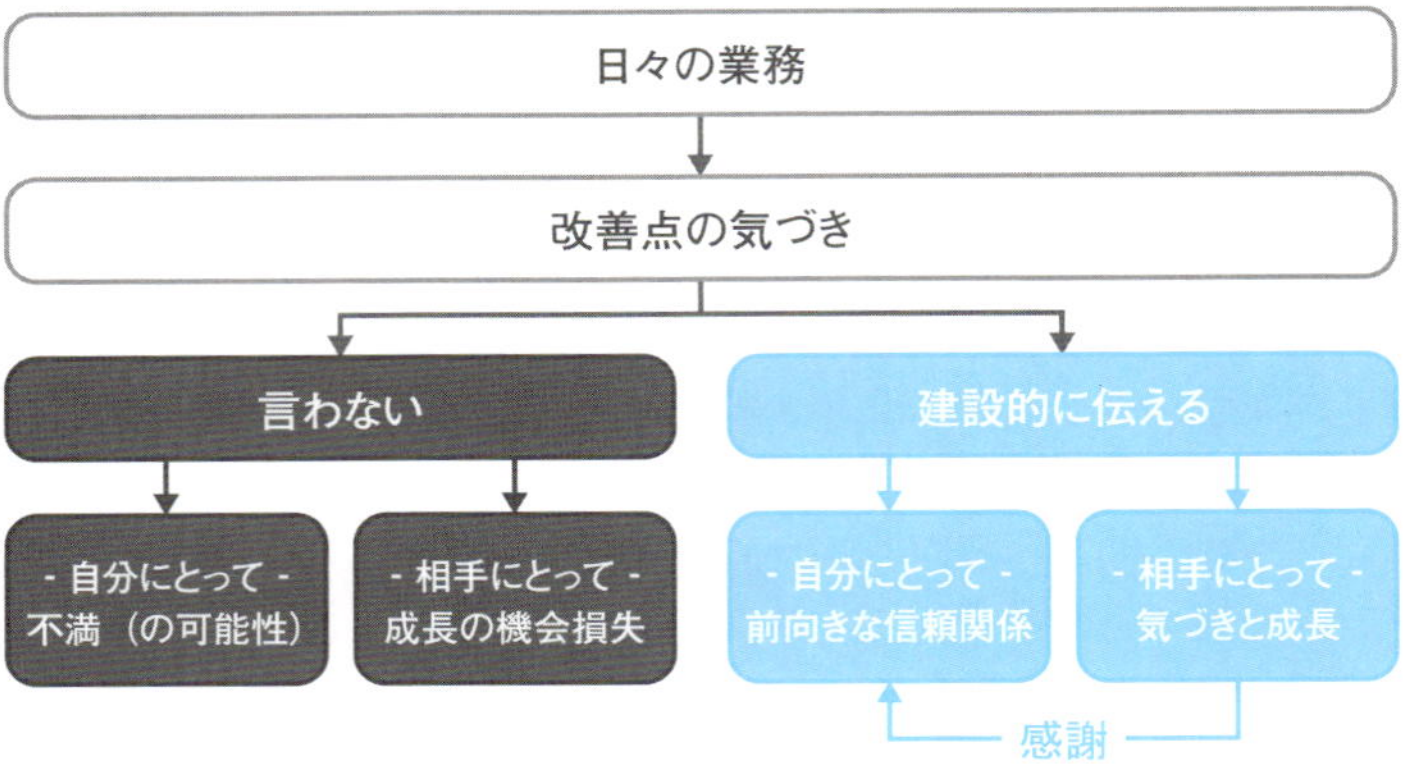

フィードバックの大切さ:気づいた改善点を相手に伝えることで、相手が成長し、信頼感をも育むことができる。気づいても言わないのは、相手にとっても、自分にとっても機会損失である

フィードバックはフィードバックをする側のスキルも求められますが、じつはフィードバックを受ける側のスキルも重要です。

「建設的」といっても、いろいろな指摘を受けるわけですから、フィードバックというと、どうしてもディフェンシブに受け止めがちです。ですから、受け止める側の意識の転換が必要になります。叱られたり、悪口を言われたりしているのではなく、「成長のために言ってもらっているのだ」と理解することです。

そこでコンカーでは、「言ってもらえるのを待つのではなく、自分から聞きに行きましょう」と伝えています。たとえば、部下から上司に対する

フィードバックの大切さ - 自分と相手の成長のために

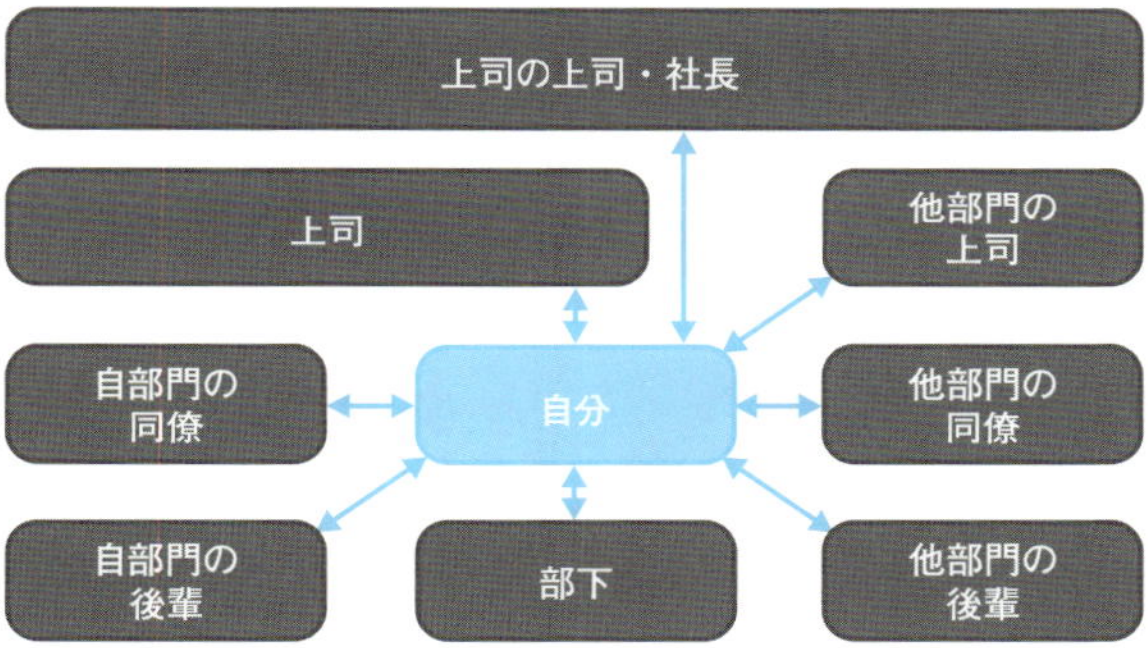

縦・横・斜めの双方向フィードバック:フィードバックは、あらゆる方向に対しておこない、あらゆる方向から受けるべき。そこには社長とフィードバックし合うことも含まれる

フィードバックはなかなか言いにくいですから、上司から「何か自分にフィードバックはないですか？」と聞くことによって、「だったら言ってみようかな」という空気を作る。

もちろん、フィードバックをするときには、建設的に、相手に敬意を持って伝えるなど、伝え方のトレーニングもしており、ロールプレイなども組み入れています。研修は、社員からとても好評でした。「実践していこうと思います」という前向きな声がたくさん上がりました。全員が同じ研修を受けているので、いわゆるプロトコルが一致していてフィードバックもやりやすいのです。

フィードバックは、

「今のプレゼンよかったよ」
「今のセールストークは素晴らしかった」

「あの会議の発言はこんなふうに言うともっといいね」

といったリアルタイムのフィードバックから、週に一度の上司と部下との1on1ミーティングの場でおこなわれたり、それこそ自分から聞きにいったり、後に説明する上司や他部署の上司などといっしょにランチをする「コミュニケーションランチ」などでもおこなわれています。

このように、縦・横・斜めの双方向フィードバックがおこなわれる基盤を作ることで、自分と相手の成長を促し、高め合うことが大切だと考えています。

実行度合いを仕組み化することで、フィードバックの浸透度を目に見えるものにする

「フィードバックし合う文化」を作るに際しての課題を挙げるなら、各組織でのフィードバックの実行状況が見えなかったことでした。会社としてフィードバックし合うことを奨励しても、個人の気質や部門の雰囲気によって実行の度合いにばらつきが起こってしまうだろうと考えたのです。これについては、PDCAの考え方に基づき、フィードバックがどのくらいおこなわれているか、実行の度合いを半期に一度計測し、部門ごとに公表するようにしています。

また、よりよいフィードバックをしてもらおうと、フィードバックについてのエピソード共有をするセッションをオフサイトミーティングでおこないました。「こんなフィードバックを受けてとてもよかった」「あのフィードバックでこんなふうに学べた」といった経験やフィードバックへの思い、気づきなどを話し合ってもらいました。

私にとってとても新鮮だったのは、新入社員がコンカーに来て、お互いにフィードバックし合っている姿が見られることです。最近ではフィードバックの文化も定着し始め、社員が気兼ねなく社長である私にすらストレートにフィードバックしてくれます。それは、時として会社の経営や戦略に関わる大きな話のこともありますし、自分では気づかない細かい口癖やお客さまに対する所作にも至ります。

先日、入社わずか3ヶ月の営業が顧客訪問後にしてくれたフィードバックの例ですが、「三村さん、1つだけフィードバックしてもよろしいでしょうか。資料を説明する際に、ボールペンの先がお客さまのほうを向いていました。気になさるお客さまもいらっしゃるので直されたほうがいいと思います」と。「あっ、気づかなかった!」と思うと同時に、この営業に対して感謝の念が芽生えるのを感じました。小さなことですが、このフィードバックを受けなかったら、一生、説明でお客さまにボールペンの先を向けていたかもしれません。

役職が上の人間に対するこうしたフィードバックは、「ストレートにフィードバックしても聞く耳を持っている」という安心感と信頼感がないと絶対にできないことです。この小さな、しかし貴重な経験は、これからも社員から社長に安心してフィードバックできる雰囲気を持ち続けなければいけない、とあらためて思う機会になりました。

合言葉によってフィードバックを根付かせる

フィードバックを習慣レベルにまで根付かせるのは容易ではありません。トレーニングや実施状況の可視化にとどまらず、浸透を図るには何が必要かを日々考えています。その1つの取り組みとして考えたのが、フィードバックの合言葉です。

No Feedback, No Concur

- いつでも、どこでも、だれとでも
- 成長を願って、伝える
- 心を開いて、聴く

さまざまな社員の声の調査で、「コンカーの強みは高め合う文化であり、フィードバックの習慣である」との意見が増えてきています。いつか「高め合う文化がコンカーの強み

合言葉	No Feedback, No Concur
原　則	• いつでも、どこでも、だれとでも • 成長を願って、伝える • 心を開いて、聴く

ポジティブフィードバックのコツ	ギャップフィードバックのコツ
• 行動を具体的に 「すごいね」→「このプレゼンのまとめ方はすごいね」 • 早めに 1年前の事象よりも、直近の行動について • 最適な場所 業務を褒める時は、仕事場で • 絶対的な評価で 人と比べて褒めることはしない • 第三者を活用して 褒める文化を広める効果も • 心からほめる 本心は見抜かれます 引用元：株式会社アイズプラス ホームページ	• 早めに・正しいタイミングで プレゼンや顧客訪問の後、等、正しいタイミングで • 最適な場所 他人のいる場所は避けて場所を変える • 敬意を持って 相手が失敗やミスしても尊厳を忘れない • 目標を意識する 目標を理解するから足りないと思える • 求めるか聞く 相手に聴くスイッチを入れる間を与える • 強みとセットで 弱みだけではなく、強みも伝える

フィードバックの合言葉と手法:フィードバックの合言葉とともに具体的なコツを社員と共有している

の源泉」と言われる日が来るのを願いながら、フィードバックを浸透させる取り組みを続けていきたいと思います。

全社員の心身の健康状態を把握する「パルスチェック」

ストレスチェックや、年1回の調査では、問題が見えてこない

2017年10月、はじめて実施したのが「パルスチェック」でした。四半期に一度、実施する全社員向けのアンケートです。10の設問があります。

1. 仕事量は適切ですか
2. 自分で仕事の順番・やり方・ペースを決めることができますか
3. 自分の部門の雰囲気は友好的ですか
4. 上司との雰囲気は友好的ですか
5. 気持ち面での調子について聞かせてください

6. 体力面での調子について聞かせてください
7. 過去3カ月の仕事の充実感について聞かせてください
8. 今後3カ月の仕事に対して、わくわくしていますか
9. 自分が何らかのハラスメントにあっていますか
10. 社内で何らかのハラスメントにあっている社員はいますか

わずか10の設問なので、回答は数分で終わります。これを毎四半期に実施しています。目的は、社員の気持ちの動向を把握すること。ですから、記名式です。モチベーションがダウンしたり、体力的に厳しい状況に置かれている社員を早期に察知したかった。また、定期的に調査することによって、社員の心身状態の定点観測ができると考えました。

コンカーでは、先に紹介したように「コンストラクティブフィードバック」やGPTWで全社員に調査をおこなっています。しかし、年に1回なので、社員の気持ちの変化をタイムリーに追うことは困難です。

また、国が制定しているストレスチェックのデータもありますが、これは人事の担当者は見られますが、経営者は見られません。結果のグラフが見られる程度です。それでは、だれが問題を抱えているのかはわかりませんし、自分たちが分析できるわけではないので、問題を把握するのに限界があります。もし、こうしたストレス分析ができたら、「社

仕事量スコア	仕事量は適切ですか	10段階で回答
	自分で仕事の順番・やり方・ペースを決めることができますか	
組織スコア	自分の部門の雰囲気は友好的ですか	
	上司との雰囲気は友好的ですか	
心身スコア	気持ちの面での調子について聞かせてください	
	体力面での調子について聞かせてください	
やりがいスコア	過去3カ月の仕事の充実感について聞かせてください	
	今後3カ月の仕事に対して、わくわくしていますか	
ハラスメントチェック	自分が何らかのハラスメントにあっていますか	はい／いいえで回答
	社内で何らかのハラスメントにあっている社員はいますか	

パルスチェック質問シート

員がある日突然辞めてしまう」といったことを未然に防げるのではないかと思い、四半期ごとに記名式の調査を「脈拍診断」を意味する「パルスチェック」と名付けて実施することにしたのです。

個人的には、もし可能だったら、パルスチェックは毎月やりたいくらいです。何より、変化がわかる。どんな状況にあるのかによって、対応ができる。ただ、「毎四半期でも社員は回答するのが大変かもしれない」という思いもありました。そこで、とにかく質問数を絞りました。管理部長と2人で、「とにかく研ぎ澄ませた、少ない質問にしよう」と考え抜きました。そしてもう1つ意識したのが、「聞きっぱなしにするのではなく、きちんとフォローを実施する」ことです。

実際にやってみてわかったのは、「テキメ

ンに社員の状況がわかる」ということです。それこそ、苦しんでいる社員は、やはり結果に出てきます。それはまるで社員からの悲鳴であり、SOSサインなのです。深刻な状況に陥っている社員には、上司に対応策をまとめてもらっています。また、個別にヒアリングをしたり、ランチに誘ったり、上司にランチに行かせたり、場合によっては異動の判断をしたりと、さまざまな対策を打っています。

「自分が書いたものが、上司にそのまま筒抜けになる」と社員が考えないよう、社長と管理部長だけに名前がわかるように

ただ、パルスチェックでだれがどんなふうに答えたか、名前がわかるのは、社長の私と管理部長だけです。それ以外にはわからないようにしています。

上司たちにも、少しぼやかして共有します。たとえば、部門の傾向として共有する。だれが、どう書いたかは明かしません。スコアの結果を「危機的」「問題なし」など定性的な表現に置き換えることによって、少しマイルドにして共有します。

というのも、もしそのままのデータを上司に渡してしまったら、「自分が書いたものが、上司に筒抜けになる」と社員が考えてしまうからです。そうなると、回答するときに、ためらってしまうかもしれない。パルスチェックで知りたいのは、率直な意見です。それが一番の目的ですから、上司とも共有はしますが、直接的ではなく、間接的にフォローして

もらうようにしています。

また、ハラスメント予防という意味で、「9」「10」の質問は、とても大きな意味を持っています。どの会社でも「ハラスメントを受けたら言ってください」とは言っていると思いますが、本当に大事なのは、「まわりの社員がしっかり見ているか、監視しているか」だと思います。

もし、「9」「10」に印がついた場合には、しっかり聞き取り調査をして、いったい何が起こっているか、把握する必要があります。深刻化する前に対策を打っておかないといけません。

これも3カ月に一度のサイクルで回しているので、重篤化する前にアクションが打てるのだと思っています。重篤化してしまった後では、もう遅いのです。

パルスチェックはかんたんに記入できますし、この結果によるアクションによって、手遅れになっていたら退職の可能性すらあった数人の社員の状況を改善することができました。社員の心身のコンディションを把握するうえで非常に有効な手段ですので、ぜひ多くの会社で実践を検討いただけたらと思います。

GPTWの調査を「働きがいに関わる経営品質のモニタリング」として活用する

ランキングよりも大切なモニタリングとしてのGPTWの効能

2013年の合宿で「IT業界でもっとも働きがいのある会社になる」という目標を立てたものの、当時、計測手段はなにも考えていませんでした。2014年にマーケティング本部長が入社し、この目標を知った彼が発案してくれたのが、GPTWによる日本における「働きがいのある会社」ランキングへのエントリーです。当時、まだ課題も多く、結果にはまったく期待していませんでしたが、蓋を開けてみると、初エントリーで上位企業に与えられる「ベストカンパニー」に選定されました。

「ベストカンパニー」に選ばれた喜びもつかの間、GPTWの調査の別の効能に気がつくことになります。それが「働きがいに関わる経営品質のモニタリング」です。ランキングはいくつかの要素で決定されますが、そのうちの1つに社員へのアンケートがあります。アンケートは50を超える設問から成り立っていますが、「〝働きがい〟を因数分解すると、このような質問になるのか」と感心するものばかりです。

それまで、「働きがいを高めたい」という強い意欲はありましたが、深い知見もなく、具体的になにをしていいのか、道しるべがありませんでした。ビジョンやミッションの定義、戦略の共有など、自分の信じる経営手法をナチュラルに実践してきただけです。そこで管理部長と相談し、「GPTWの設問ですべて高評価になることが働きがいのある会社に近づくことになるではないか」という仮説を立てて、愚直に取り組んでみようと決めました。そこから2018年に1位を取るまで、4年間に渡る地道な取り組みの日々が始まったのです。

惨憺たるスコアでも、直視することから改善は始まる

初回の調査結果では、特に重視していた「経営情報の透明性」「ビジョンの実現に向けた戦略の具体感」「従業員への信頼」などは非常に高いスコアが出ましたが、一方で「オフィス環境」や「教育制度」などは惨憺たる結果になり、またいくつかの指標で苦戦していることがわかりました。

当時のオフィスはまだレンタルオフィスであったため、社員が肩を寄せるように働いており、それでも不満を聞くことはほとんどありませんでした。スタートアップなのだから「贅沢は言えない」とみな思ってくれていたのです。しかし、調査を通じて、本音ではみんな不便を我慢していることを痛感されられました。

また教育制度にしても、2014年の当時はそこまで考える余裕がなく、教育制度はゼロに等しかったので、その結果は当然のものではありました。しかし、あまりにも低いスコアを目の当たりにしたことで、「忙しさを言い訳にして教育制度の整備を後回しにしてきたのは怠慢に過ぎないのではないか」と目を覚まされる機会になりました。

その後、オフィスについても教育制度についても改善の取り組みを進めた結果、初回の惨憺たるスコアも今では大幅に改善しています。

この2つは代表的な例に過ぎません。その他、本書で紹介している施策のなかには、GPTWの調査結果で苦戦していたことを受けて対策として考え出し、実行しているものが多くあります。

毎年、GPTWの調査結果が届くと、管理部長と徹底的に結果を分析し、どの施策がどのように効いたのか、何が効かず低迷が続いているのか、時間をかけて議論しています。今では「GPTWの調査結果の改善が働きがいを高めることにつながる」として立てた当初の仮説はそれなりに正しかったという手応えを持っています。

日本における「働きがいのある会社」ランキングは、結果として1位を取ることができました。1位獲得の報せを聞いた時、「4年間ものあいだ愚直に取り組み続けていれば、こうして結果につながるのだな」と感動を覚えたものです。しかし、GPTWの調査がランキングの結果以上に私にとって重要なのは、何が働きがいの向上を促進しており、何が阻害しているのか、「働きがいの通信簿」として機能してくれていることなのです。

働きがいに関する自社の強み、弱みを知りたい方は、ぜひ日本における「働きがいのある会社」ランキングへのエントリーをおすすめします。初回の結果が惨憺たるものでもいいのです。そこから改善への取り組みが始まるのですから。

すべてのお客さまの生の声を聞くことで、マーケットが求める戦略を生み出す

耳の痛い話も「あえて聞きたい」

コンカーには、米国本社が主導する顧客満足度調査があります。ただ、本社主導のものはサンプリング調査。毎回、数社にアンケート表が届くという仕組みでした。それでは一部の顧客の声だけを聞くことになるため、全体感がなく、本当に話を聞かないといけないお客さまから声が聞けているかどうかわからないと感じていました。

そこでスタートさせたのが、日本独自でおこなう顧客満足度調査です。2016年末にスタートし、年1回、毎年暮れにおこなっています。オンラインでのアンケートにお応えいただく形です。

IT企業の中には、こうした取り組みについて「耳の痛い話もあるから聞きたくない

が、仕方なくやっている」という声も聞いたことがあります。しかしコンカーは、日本市場では独自に「あえて聞きたい」と考え、すべてのお客さまにお送りしています。できるだけたくさんのお答えをいただこうと、フォローアップもしています。おかげで、2016年は7割ほどのお客さまにお答えいただき、具体的な施策につなげることができました。

調査では、フリーコメントも入れていただいています。中には、辛辣なものもないわけではありません。しかし、こういうときこそ、対応が重要です。それを当該部門ときちんと話し合って、アクションプランを考えていくのです。

実際、こんなことがありました。「コンカーのサービス使用時のネットワークスピードが遅い」という声が複数挙がったのです。私たちが使っていると問題なく動くので、「どうして不満が出てくるのか？」と不思議に思っていました。しかし、よくよく調べてみると、コンカー側のネットワークの問題ではなく、お客さまのネットワークの問題だったことがわかりました。

それに対する打ち手として、コンカーはネットワークのエンジニアを採用し、ネットワーク診断サービスを無償で提供することにしました。ボトルネックはどこにあるのか、エンジニアが切り分けをおこない、設定の問題を指摘することで、解決につなげていく――そんな提案ができるようになりました。

サンプリングでの顧客満足度調査ではなく、やはりすべてのお客さまからの声を聞かなければ、クリティカルな声が漏れてしまう可能性がある——私は改めてそう感じました。

逆に、問題について打ち手を提案することができれば、ポジティブな印象として受け止めていただくことができます。クラウドサービスは利用に対して課金するので「売ってお終い」ではなく、ビジネスモデル上、ご利用し続けていただくことが重要です。次のビジネスにつなげていく意味でも、お客さまの声をきちんと理解したアクションは重要になるのです。

会社の姿勢が社員へのメッセージにもなる

また、ビジネスの環境はどんどん変化しています。コンカーも当初、数年間は広大な未開拓のマーケットで新規案件に挑むことができました。しかし、だんだんと導入も広がっていけば、「新規案件だけにフォーカスする、というスタイルでいいのか?」というステージを迎えることになります。それによって、既存のお客さまへのフォローを強く意識していく必要性がさらに高まります。そうしなければ、場合によっては解約になったり、追加の契約の機会もなくなってしまう。実際、お客さまからの声を参考にしながら、この2年は既存のお客さまを大切にする方向にも経営の舵を切っています。

こうした大きな方針は、社員に対するメッセージにもなります。「新規の数字が上がればいい」という考え方ではなく、既存のお客さまにも経営資源を投入していく。

ネットワーク担当のように、既存のお客さまに対応する部門や職種も新たに新設したほか、営業も2つの職種に分けました。新規案件担当営業と、既存顧客担当営業です。また、「カスタマーサクセスマネージャー」という名称の、お客さまの満足度と関係性に軸足を置いて活動する職種も作りました。お客さまのところに行き、何かお困りごとはないか伺う。何か問題があれば、しかるべきアクションを打つ。

クラウドの会社は、継続利用していただいてはじめて売上が上がっていきます。お客さまからの声に耳をしっかり傾け、お客さま情報に敏感になることで、お客さまの実情に対応した戦略が作れるようになります。そのために全顧客にアンケートを送り、「お客さまの生の声を聞く」ことは、大きな武器になります。

第4章

認知・感謝

貢献を目に見える形にして、全員で共有する

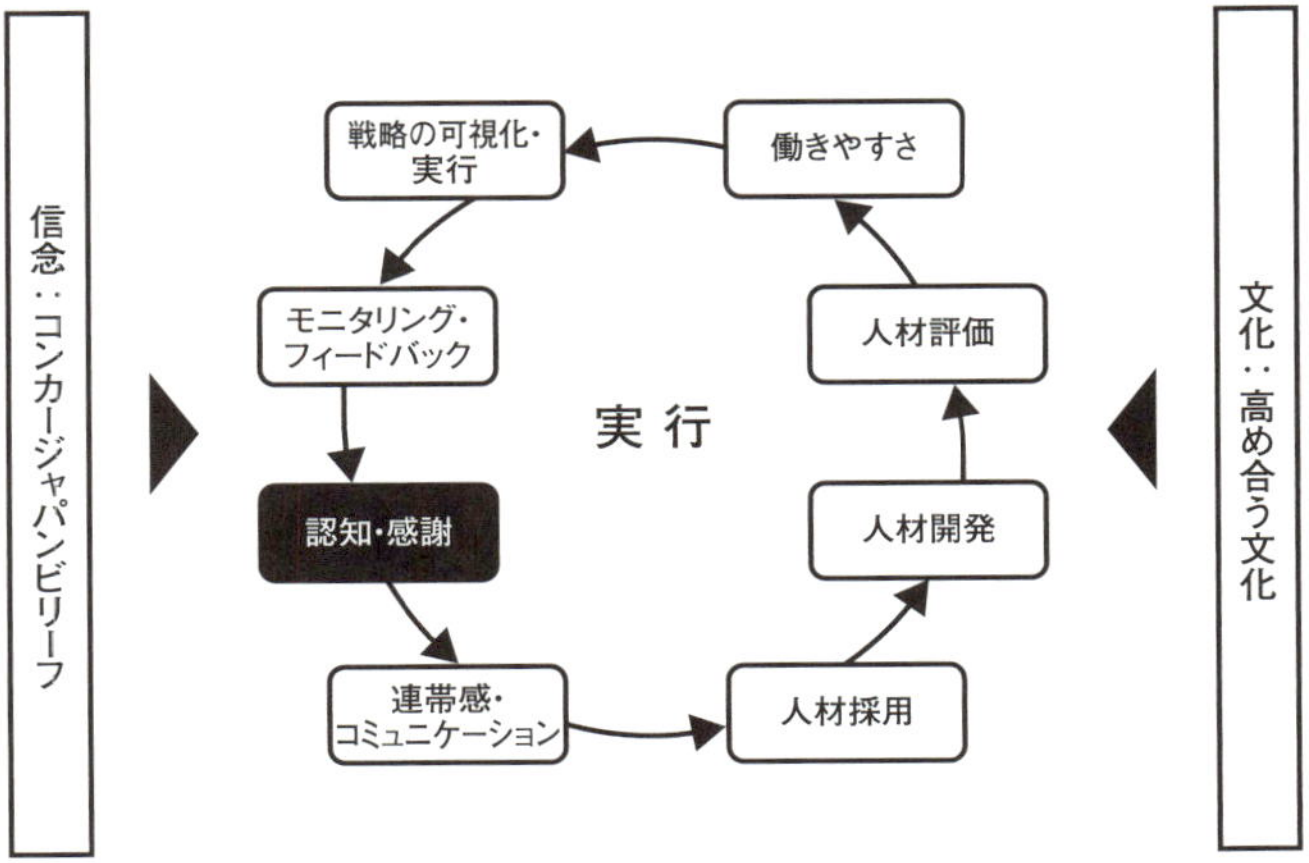

「同僚から感謝の言葉をもらったり、チャレンジや貢献をみんなの前で評価してもらえると、給与や昇進だけでは得られない励みになります」

数字に表れにくい貢献にも光を当てる「従業員アワード」

非営業系の社員もしっかり評価しよう

外資系企業において、営業系の職種は、数字で成果がはっきりと現れることもあって、脚光を浴びることが多い傾向にあります。中にはインセンティブ体系が華やかで、優秀な成績をおさめた営業社員に大きなボーナスが出たり、海外旅行がプレゼントされることもあります。

一方で、非営業系の職種の社員からは、「会社から努力や成果を認知されていないのではないか」という声が上がることが少なくありません。営業系社員の貢献を評価するプログラムが目立てば目立つほど「数字に直接貢献していない社員は、評価されない」という空気が広がってしまうのです。

コンカーでも、さまざまな調査でこうした空気が出始めていることを私は感じることになりました。実際には評価はしていたのですが、社員がそう実感できていないとなれば、「会社は非営業系の社員を評価しない」と受け止められても仕方がありません。

そのため、数字に直接貢献しない非営業系の社員にも極力スポットライトを当て、感謝の思いと「しっかり認知をしています」というメッセージを会社として発信していきたいと考えるようになりました。また、そのことを通じて、社員間でも「非営業系の社員もしっかり評価し、感謝しよう」というマインドが広がっていけば、と考えました。

そこで取り組みを進めたのが、「従業員アワード」です。

さまざまな「部門賞」を設けることで、光を当てる人を増やす

それまでは、営業に限らず「本当にがんばっている」「この人がいなかったら会社が成り立たなかった」という人に年間MVPを贈っていました。1年目は導入業務と営業支援業務を兼務でがんばってくれた社員（この社員は、今はある部門の本部長になっています）。2年目には、初代の「文化部」に贈りました。3年目からは、人数を一気に増やすべく、さまざまな「部門賞」を作りました。

- 先進プロジェクト賞
- 戦略プロジェクト賞

など、優れたプロジェクトについてのアワードを作りましたが、ユニークなところではこんなものもあります。

危機からの脱出賞

トラブルなどが発生した際、その対処に貢献した社員やチームを表彰

ウイング・パーソン・アワード（縁の下の力持ち賞）

飛行機の僚機という意味のウイングマンにかけて、縁の下の力持ちとして、普段は目立たないけれど、多くの人の役に立っている人、貢献している人を表彰

ルーキー賞

アワードは、経験豊富なベテランの社員が獲りがち。若い人たちが獲れるアワードがあったほうがいいと考えて創設した

Innovative Contribution Award（先進プロジェクト賞）	先進的なプロジェクトに貢献した社員に
Strategic Contribution Award（戦略プロジェクト賞）	戦略上大切なプロジェクトに貢献した社員に
Crisis Management Contribution Award（危機からの脱出賞）	大きなトラブルを解決するために貢献した社員に
Wing Person Award（縁の下の力持ち賞）	目立たないけれど、コツコツと仕事をし、まわりのメンバーを支えてくれた社員に
CS Contribution Award（CS貢献賞）	お客さまの満足度向上に貢献した社員に
Best Team Award（ベストチーム賞）	部署・プロジェクトチームなど、がんばった「チーム」に
Rookie Award（ルーキー賞）	勤続1年未満の社員を対象。入社間もないのにがんばった社員に
Japan Wing Person Award	コンカー本社など海外の方で、力強いサポートをしてくれた社員に
Best Initiative Award（ベストイニチアティブ賞）	業務を超えて自発的にイニシアティブをとって会社のために貢献してくれた社員に
Concur Reference Contribution Award	コンカーの事例企業として、ご貢献いただいているお客様に
MVP賞	総合的に年間で最も活躍した社員またはチームに

従業員アワード一覧：さまざまな賞を用意し、社員の多様な貢献を認知し、会社として称えられるようにしている

ベストイニシアティブ賞

コンカーの経営理念をベースにし、「タスクフォースを作ろう」と呼びかけるなど、自分の業務範囲を越えて自発的にイニシアティブをとって、会社のために貢献してくれた社員に贈る

ジャパン・ウイングパーソン・アワード

本社など海外の社員で、日本の事業に顕著な貢献のあった人たちに、コンカージャパンから贈呈する賞（外資系企業でこのようなアワード制度がある企業は聞いたことがありませんが、感謝を伝える意味でも、その後の関係性を強める意味でもとても高い効果があります）

全社員からの推薦で、マネージャー層には見えていない真の功労者も称えられるように

「従業員アワード」表彰は、年2回。10人から15人が選出されます。表彰者には、金一封として報奨金と特製トロフィーが贈られます。トロフィーは、ガラス製のものに名前を刻んで贈るのですが、これがとても好評です。チームで受賞した場合には、1人ひとりにトロフィーを贈っています。社員にとっては本当にうれしいトロフィーのようで、デスクの上に飾っている社員もいますし、家に持って帰る社員もいます。表彰するだけでなく、

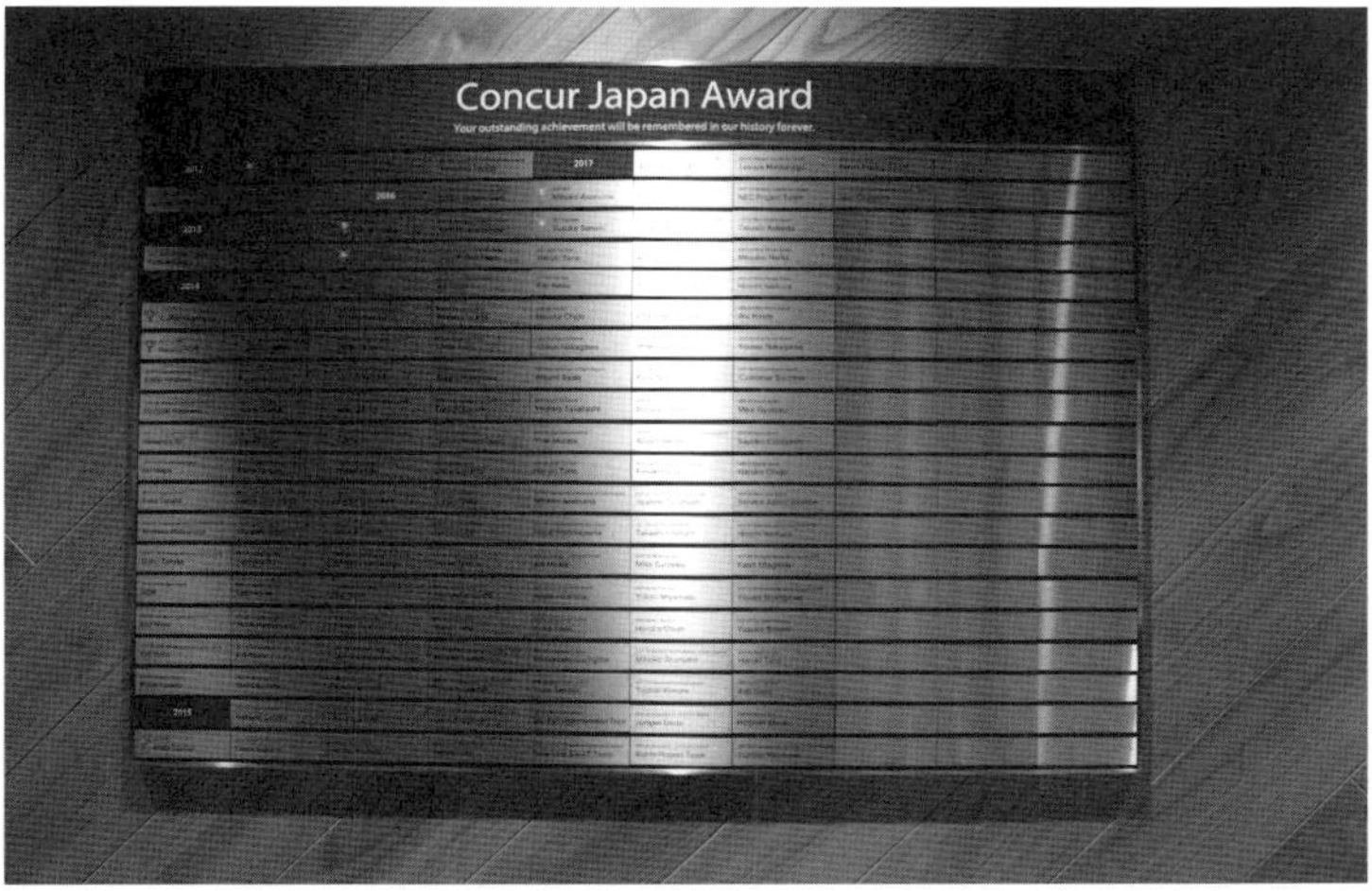

アワードボード

きちんと報いる。これはとても大事なことです。

　また、歴代の従業員アワードの受賞者は、ゴルフ場にあるチャンピオンボードのようなプレートに名前が刻まれ、オフィスでも目にしやすい場所に掲げられます。

　こうした取り組みもあってか、GPTWのアンケートでも、コンカーではほぼ全社員が「この会社は社員の貢献に対してきちんと認知している」と答えてくれています。

　そして、従業員アワードで大事にしているのが、選定のプロセスです。公平かつ透明にする。実際には、発表の数週間前に、社員からノミネーションを募ります。自薦でもかまいませんが、他者からの推薦が基本です。マネージャー層には見えていない部分で努力していた、真の功労者も称える仕組みなのです。

これが、じつに毎回数百件も集まります。整理して、マネジメントメンバーが1人1票で投票していきます。私も1票です。投票で票が分かれたら、決選投票になることもあります。どうしても順位がつかないときには、ダブル受賞も過去にありました。

表彰は、全社員が集まるオールハンズミーティングでおこないます。このときだけは授賞式にふさわしいBGMを流し、壇上に拍手で迎えて栄誉を称えます。陰ながらがんばってきた社員からは、「見てくれる人がいたんだ、という励みになった」という声が上がりました。

営業に関しては、四半期ごとに、トップの成績を収めた優秀者をオールハンズミーティングで表彰しています。金額ではなく達成率で計るため、担当しているお客さまの規模に関係なく公平な仕組みであり、この賞を受賞することは、営業系社員にとって大きな誇りになっています。

営業は別途、数字での報奨がありますから、基本的には「従業員アワード」の対象外ですが、数字以外の部分で著しくがんばってくれた営業は受賞の対象になります。たとえば、「ベストイニシアティブ賞」や「危機からの脱出賞」は、過去に営業が選ばれたこともありました。

照れくさくて普段はなかなか言えない感謝の気持ちを「仕組み」で集める

コンカーでは年に一度、社員から前向きな提言を集める「コンストラクティブフィードバック」をおこなっていることは前述のとおりですが、その設問項目を考えているとき、思い立ったことがありました。

「せっかく社員から声を集めるいい機会だから、普段は照れくさくて、なかなか言えないような同僚に対する感謝の気持ちも、この仕組みの中で集めたらどうだろうか？」

それが、「感謝の手紙」でした。

実際にやってみたところ、本当にいろんな声が数百件も集まりました。社員はみんな、じつはこういうことができる機会を求めていたのだ、ということを改めて知りました。

「それなら定期的に開催していこう」ということになり、年1回のコンストラクティブフィードバックのタイミングのほか、半年に一度、「感謝の手紙」だけを募ることにしたのです。

社員から最も「感謝の手紙」が多かった人は、全社員が集まるオールハンズミーティングで紹介し、プレゼントで祝福しています。社員からの手紙は、管理部がわざわざ素敵な和紙を買ってきて、メッセージをまとめて印刷して本当に紙の手紙の形にして渡してくれています。手紙は匿名になっているので、だれかが書いたかはわからない仕組みです。

普段の業務では直接伝えきれない気持ちを手紙にして表現するこの制度は、思いやりを大切にするコンカーの社風を象徴する制度にもなっています。

「やってあげるからポイントをつけてね」となっては意味がない、頻度が高すぎると形骸化してしまう

同僚に感謝をする仕組みは、会社によってもいろいろあるようですが、コンカーでの秘訣は、「思いを伝える仕組みにしている」こと、そしてあえて「随時にしない」ということです。

じつは米国本社では、感謝の仕組みとして「お金にも換えられるポイントを贈り合う」というシステムが導入されました。今、世界中の企業で導入が進んでいるシステムで、いろんなポイント提供サービスがあります。複数の社員から、「本社でもこういうことをやっているから、日本でもやってほしい」と言われました。

しかし、これは私の理念には合いませんでした。これをやり出すと、「やってあげるからポイントをつけてね」とか「やってあげたのにポイントがつかなかった」といったよう

な心境に陥ってしまいかねないと思ったのです。それに、感謝の気持ちに金銭的なインセンティブを結びつけることにも違和感がありました。

なので、社員からの要望にもノーを言い続けました。「そんなふうにお金ではなくて、思いを伝えよう」と言ったのです。それが本質ではないか、と。

ただ、「思いを伝えよう」と奨励しても、やる人、やらない人のムラが出てきてしまいます。だから、こういうものは、仕組みで一気にごそっとすくい上げてしまったほうがいいのです。ちょうどそこに、コンストラクティブフィードバックというタイミングと手法があったのでした。

もう1つは、あえて随時にしない、ということです。ポイントがつかなくても、感謝のメッセージを送り合うツールのようなものはたくさんあります。しかし、私が今ひとつピンと来なかったのは、随時入れられることです。〝いつでもできる〟は〝いつまでもやらない〟になってしまいがちです。

それよりも、イベントにしてしまったほうがいい。「朝礼で褒め合う」とか「サンクスカードを渡し合う」というのも、頻度が高すぎると形骸化してしまいかねません。だから、年2回のイベントにしたほうがいいと考えました。

また、匿名にすることも1つの秘訣です。書いた本人がわからないから、書くことができる。そうでなければ、照れくさいのです。

青臭さは、ともすると、シラケにつながってしまう

「感謝の手紙」の直近2018年上半期の件数は、じつに941件。従業員1人あたり、約6件にものぼりました。数字に関わっていない社員に手紙が集まりやすい、というのも特徴かもしれません。管理部で全社員の支援をしてくれる社員やIT部門でPCのサポートをしてくれる社員など、裏方の社員に手紙が集まる。これは、「見てくれているんだ」と感じて社員は本当にうれしいようです。「もっとがんばろう」というモチベーションにもつながります。

そして「感謝の手紙」は、贈られた本人の上司とも共有します。「感謝の手紙」を多くもらっている、目に見えない部下の貢献をきちんと評価してあげてください、ということです。また、「感謝の手紙」が多かった人へのご褒美となるプレゼントは、あえて報奨金にはせず、日常で使えるボールペンなどにしています。

トロフィーや報奨金を贈らないのは、「感謝の手紙」は、本来は競うものではないからです。これをやりすぎてしまうと、レースのようになってしまう。この最後の一歩が、大事なのです。

こういうことをまちがえると、社員全体がシラケてしまうようになりかねない。コン

感謝の手紙:メッセージを管理部が紙に打ち出し、手紙の体裁にして社員に手渡している

カーの人事策は基本、青臭いことをやっています。青臭さは、ともすると、シラケにつながってしまう。そうならない、微妙なサジ加減による制度設計が求められるのです。

クライアントも表彰する「ベストリファレンスアワード」

お客さまの息づかいを社員に知ってほしい

全社員が集まるオールハンズミーティングでは、うまくいったプロジェクトの苦労話や、サクセスストーリーを共有する時間を取ってきました。その背景には、「成功事例を学びの機会にしてほしい」ということに加えて、「全社員にお客さまの息づかいのようなものを感じてほしい」という私の思いがありました。

たとえば、管理部門であれば、基本的な仕事は社内であり、対象は社員です。実際にお客さまがどんなふうに物事を考え、コンカーのソリューションを選定し、社内でどんなメンバーがどんなふうに苦労して導入を推し進め、その結果としてお客さまがどんなふうに喜ばれているのか、といった話を聞く機会はあまり多くありません。お客さまと直接の接点のない社員にも、こういう機会に、学びを得てもらうだけでなく、ビジネスの息づかいを感じてもらいたいと思っていました。

成功事例の共有は、「任意参加で、勉強会のような形にしておこなう」という方法もあります。しかし、それでは出席する、しないに大きなムラが出てしまいがちです。しかも、本当は聞いてもらいたい、普段は顧客接点のない部門の社員はなかなか出たりはしない。そこで、全社員が参加するオールハンズミーティングの場で共有することにしたのです。

採用時点で7割のお客様に事例として紹介することにご同意いただける理由

お客様の息づかいを知ってほしい、ということで2018年からは「ベストリファレンスアワード」をスタートさせました。ある営業部長の発案によって始まったものです。

私たちコンカーは、「よい顧客事例が新たな顧客を創出する」という戦略のもと、たくさんの顧客事例を集めています。それを、いろいろな場で紹介させてもらったり、セミナーで事例をお披露目させてもらったり、企業訪問で説明させてもらったりしてきたのですが、1年間で最も貢献のあった事例企業を、僭越ながら当社からアワード表彰させていただく、というのがベストリファレンスアワードです。

第1回では、アワードをお贈りしたお客さまは2社で、オールハンズミーティングに間接的にご参加いただきました。1社はビデオで登場いただいて、コメントをいただきました。もう1社は大阪のお客さまで、大阪オフィスから中継で登場してくださいました。「みなさーん、ありがとうございます」と元気な関西弁が会場に響き、大盛り上がりのアワードとなりました。

日本のマーケット特性では特に、導入事例はとても大切です。導入検討の際、最も大きな判断材料になるからです。実際、事例がどのくらいあるか、どんな内容か、という事例の数と質は、営業活動に大きなインパクトをもたらします。

外資系企業の営業の中には、このあたりの感度がよくなく、「自分の数字さえ立てればいい」というような空気の会社もあります。コンカーの営業はそうではなくて、自分の数字だけではなくコンカーを〝事業〟として捉え、「その事業の市場をいかに大きくしていくか?」という視点を営業全員が持っています。

ですから、採用時点で7割くらいは、事例で使わせていただくことにご同意いただいています。これは、外資系のIT企業としては極めてめずらしいことのようです。一般的な外資系企業のサービスでは、稼動して、うまくいってから「そろそろ事例を」などと1、2年経ってから交渉するケースが少なくないからです。しかし、私たちは、契約時点で事例OKをもらうことがほとんどなのです。

第5章

連帯感・コミュニケーション

タテ・ヨコ・ナナメで双方向のつながりを強める

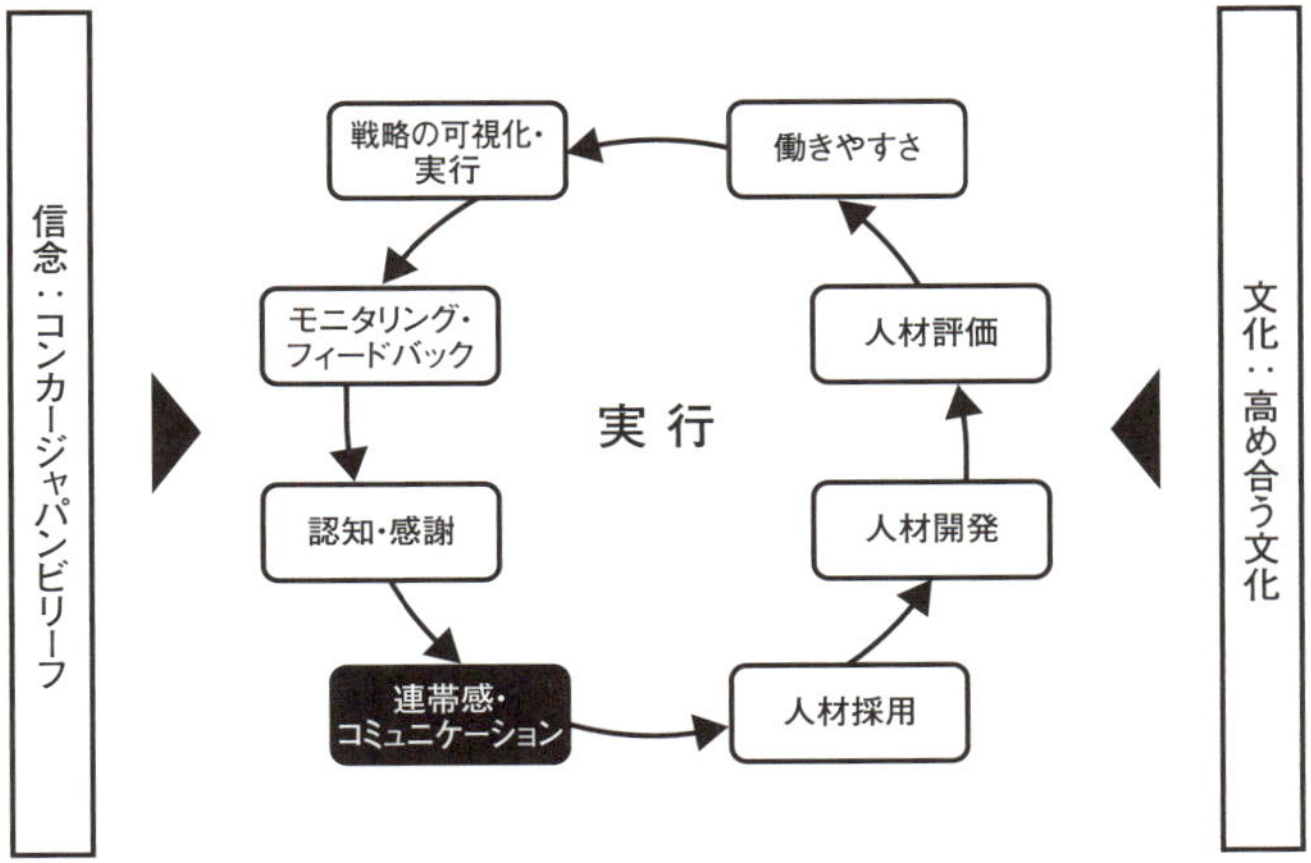

「人数が増えてもお互いの名前と顔が一致して、部署をまたがって協力しあえます」

会社が費用負担「ランチ」をうまく使う

上司との軋轢は「気づいたときにはもう手遅れ」となりかねない

上司が何を考えているか、部下が何を考えているかは、コミュニケーションなしには理解はできません。「働きがい」という観点でも、コミュニケーションの活性化は極めて重要な意味を持ってきます。

それでも、コミュニケーションには難しさがあります。コンカーでは、定期的に1on1ミーティングを上司と部下で設けるようにしていましたが、それではどうしても直近の仕事の話に終始しがちで、それ以上の話になりません。「これでは、なかなかいい人間関係を構築するのは難しい」と私は感じていました。

実際、こんなことが起きました。ある時期、優秀な社員が「辞めたい」と言い出す事件

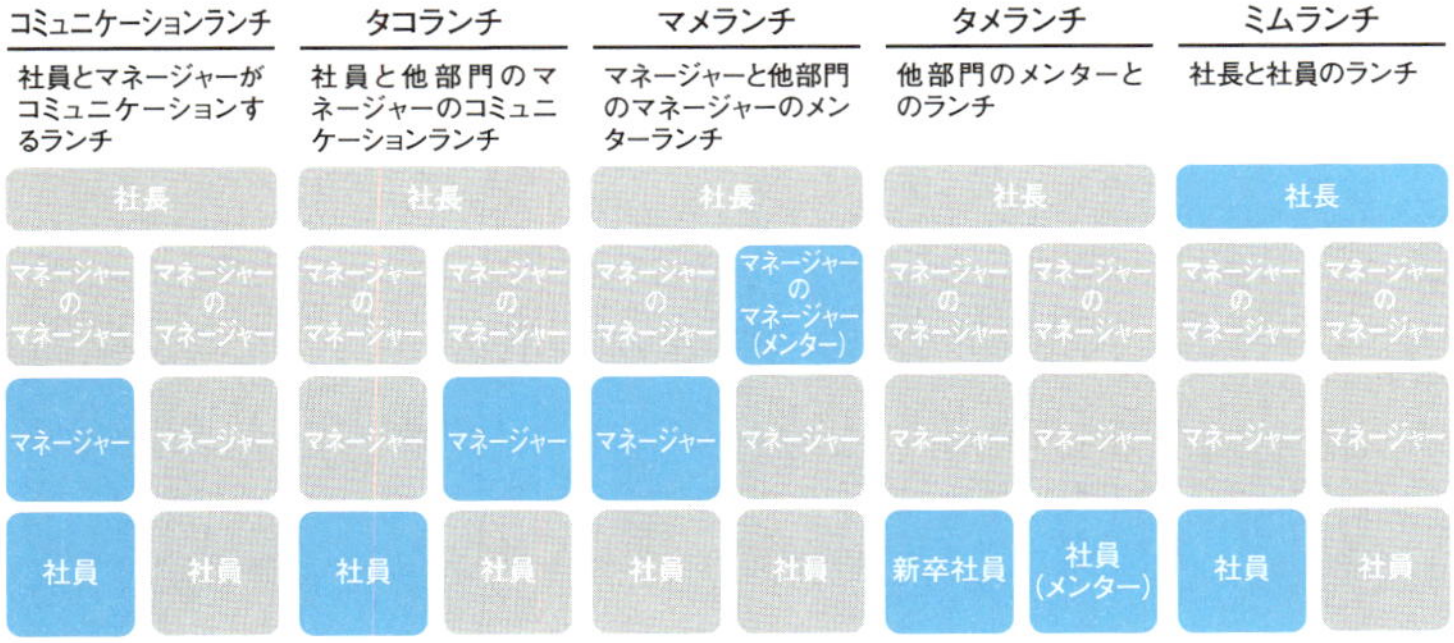

ランチでのコミュニケーション：ランチの時間を活用して、さまざまな関係性におけるコミュニケーションを活性化させる

が連続して起こったのです。原因を探った結果、それは上司との軋轢だったことがわかりました。

自分自身の経験を振り返ってみても、どんなときにストレスが多かったかといえば、上司とうまくいっていないときでした。しかも、上司との関係というのは、必ずしも業績や成績に出るものではありません。潜在化してしまうのです。だから、「周囲が気づいたときにはもう手遅れ」というようなことも起きかねない。そこで、もう少し人と人レベルの信頼感を、上司と部下の間で醸成したいと考えるようになりました。

もちろん、普段の1on1ミーティングも大事にします。しかし、ビジネス上の堅いトピックスだけではなく、長期の相談ごとや、仕事から離れた家族や趣味のことなど、やわらかな会話ができる場を作ることができないか、と考えたのです。

しかし、飲みに行く、というのもちょっと大げさです。そこで、「少しオフィスから離れて、食事をしながら自分の日々の悩みや家族や趣味のこと、将来の夢などを語る時間を、上司と部下の間で持てないか」とイメージしました。そうすることで、上司と部下の間での、ギスギスした関係は予防できるのではないかと。こうして始まったのが、ランチでコミュニケーションをとるという方法でした。

オフィスと違った場所でいいフィードバックを生み出す、上司との「コミュニケーションランチ」

「コミュニケーションランチ」は、四半期に一度、オフィスを離れて、ランチの場で上司と部下の関係性を強める仕組みです。そして、ランチの費用は一定額まで会社が負担することにしました。

上司が働きかけてもいいし、部下から呼びかけてもいい。「コミュニケーションランチを3カ月に1回おこなう権利がある」ということです。義務にはしていませんが、経費精算のソリューションを提供している会社なので、コミュニケーションランチの実施状況は経費を使ったかどうかでわかります。それを分析することで、「どのマネージャーがコミュニケーションランチをしっかりやっていて、だれがちゃんとやっていないのか」が可視化されるので、会社として「もっとやってほしい」という場合には、マネージャーに奨励することができます。

オフィスの中での1on1ミーティングではなく、ランチというくつろいだ場で、ご飯を食べながら、日々の業務以外のこともざっくばらんに話す。コミュニケーションランチは、「より親密な信頼関係を築く機会になる」と、部下からも上司からもとても好評です。実際、多くの社員が利用しています。また、会社がこういう場を提供してくれているということで、「会社へのロイヤリティが増す」という声も聞こえてきています。

社長の私も、直属の部下である本部長たちと「コミュニケーションランチ」をしています。今のオフィスビルにはテラスのあるレストランがあり、そこできれいな景色を眺め、ゆったり座って食事しながら話していると、やはりまったく違う気分になります。こういうところで、お互いに「フィードバック」し合うと、オフィスでするのとはまた違う、いい雰囲気になるのです。

直属の上司に言いづらいことも話しやすくなる、他部署の上司との「タコランチ」

このコミュニケーションランチがあまりに好評だったので、「ランチをもっと活用できるのではないか」と考えるようになりました。もとより上司の問題は、人間的な軋轢であることも多い。いくら予防しても、相性という問題があります。場合によっては、ランチをいっしょにしたくらいではどうにもならない相性問題が、事故的に起こったりします。

そんなとき、「もしかすると、隣の部門の上長などが、ナナメの角度からいろいろアドバイスをしてくれたりすると、救われるのではないか」ということに気づきました。また、ナナメの部門の上司にしても、他部門の状況がわかり、自身の学びにする機会にもなります。

そこで、たすきがけのコミュニケーションランチをおこなったらどうか、ということで生まれたのが、他部門のマネージャーとのコミュニケーションランチでした。他部門の〝タ〟とコミュニケーションの〝コ〟をつなげて、「タコランチ」と命名しました。

実際、「直属の上司だとなかなか言いにくいことがあった」という声が聞こえてきました。しかも、他部署のマネージャーだと言いやすいだけでなく、離れたところで客観的に見ているので、「こうしたほうがいいんじゃないか」というアドバイスにも素直に耳を傾けられる、という声もありました。

本当に直属の上司との関係が悪化してしまった時の「拠りどころ」にもなります。もちろん上司に相談したほうがいいものもありますが、直属の上司には言いづらい悩みもあるでしょう。しかし、自分がまちがっているかどうかは、自分ではわからない。かといって、同僚に聞くわけにもいかない。そこで、他部署の上司というのは、とてもいい立ち位置にあるようです。

1つのポイントは、「悩みを聞いてください」というような話だけではなく、「他部署の仕事について教えてください」というお願いでもまったくかまわないとしていることです。そうすることで、気軽に声をかけることができます。

「もっとコミュニケーションをしてほしい」
「部門の垣根を越えていろんな交流をしてほしい」

経営側はそう思っていても、それだけではコミュニケーションは活性化しません。ましてや、他部門の上長をランチに誘うなんてことはなかなかできません。「異動でもしたいのか」なんて実際の上司に勘違いされてしまうかもしれない。

しかし、「タコランチ」という制度があれば、そんなことはなくなります。上司を気にすることなく、他部署の上司にも会うことができるし、話も聞ける。こそこそする必要もまったくない。社内で憧れのマネージャーとも、ランチすることができます。

また、マネージャーにとっても、誘ってくれた社員の部門のことがよくわかったり、自分の部門の仕事内容を理解してもらう機会になったり、入社したばかりの社員の高いモチベーションに刺激を受けたりすることがプラスになっています。インプットが複眼的になることで、自部門の視点だけではない、別の視点を手に入れることもできます。

新任マネージャーの悩みをフォローする「マメランチ」

コミュニケーションの活性化における「ランチ」シリーズの効果は想像を超えたものでしたが、そんなとき、また1つ課題が見つかりました。社員向けにおこなっているリサーチの1つである先述の「パルスチェック」で、気になるデータが出てきたのでした。会社の成長に伴い、優秀な結果を出した一般社員からマネージャーへの昇進者が増えていったのですが、新任マネージャーは部下との関係作りに苦しんでいることがわかったのです。

後ほどくわしくご紹介しますが、コンカーでは内部昇格率100％のため、トッププレーヤーがマネージャーになる傾向があります。しかしながら、こうして昇格した元トッププレイヤーのマネージャーは管理職経験がないので、最初はとても苦労するのです。

トッププレーヤーといっても、マネージャーとしてはビギナーだということで、直属の上長以外のベテラン管理職を「新任マネージャーのメンター」としてつけることにしました。しかし、どちらもマネージャーですから、かなり忙しい。なかなか社内では時間を取れないのです。

こういうときは、枠組みをはめていかないと、コミュニケーションは活性化しません。ここでも「〝いつでもやれる〟は〝いつまでもやらない〟」の法則をあてはめて考えました。そこで、月に1回、必ず話ができるようにすることを考えたのです。しかも、せっかくなら、ランチでゆったりと話をしたほうがいい。

こうして生まれたのが、「〝マ〟ネージャーの〝メ〟ンター」とのランチということで「マメランチ」でした。これが、とてもいいカウンセリングの機会となり、新任マネージャーの悩みごと相談の場として機能しています。

マネージャーとメンターの割り当ては、私と管理部長で決めています。「このマネージャーは、こういうところを強くしたほうがいいので、この分野に強みのあるこのマネージャーをメンターにしよう」と決めます。メンターは、期限を3カ月にしています。

4カ月目からの3カ月は、そのときの様子を見て、ぴったりのマネージャーをまたメンターとして見つけます。これを繰り返し、4人のメンターを3カ月ずつ付けて、1年経つと新任マネージャー卒業、としています。

新任マネージャー時代の苦しみというのは、だれもが経験します。何より部下に頼むより、「自分でやったほうが早い」と思ってしまうものです。ここから、いかに抜け出していくか。その大切さは、どのマネージャーもよくわかっています。

ベテランマネージャーによっては、「こういうときは、こうすればいい」「この本を読むといい」といった学びのツールを提供したりしているケースもあるようです。そうすることで、再現性のあるマネジメントスキルを身につけていけます。

私自身も「ママランチ」に参加します。1人の新任マネージャーではなく、新任マネージャー全員と四半期に一度の頻度で「ママランチ」を持ち、相談に乗っています。

「ママランチ」を取り入れて、改めて実感したのは、「マネージャーの直属の上長は、意外にメンタリングができない印象がある」ということです。日々の業務オペレーションの会話に終始してしまうのです。

もう少しステップバックして、本来必要なマネジメント論やリーダーシップ論を新任マネージャーに伝えていってほしいのですが、なかなかその時間も余裕もない。その意味で、新任マネージャーに別途メンターを付けるのは、とても意味があることだと思いました。そして、メンターになれば、メンターは自分のリーダーシップ論についても語る時間が出てくるわけです。それは、教えるほうのマネージャー自身の気づきや学びの機会にもなります。

社長自ら将来の夢やキャリアを聞く「ミムランチ」

「ランチ」シリーズは、まだほかにもあります。社長の私と全社員が直接、1対1でランチをする。ミムラとランチ、ということで「ミムランチ」です。

実際、あるミドルマネージャーがまだ一般社員だったころにした「ミムランチ」では、将来の夢やキャリアについて聞いて驚くことになりました。私は、てっきり職人肌のエキスパートを志向しているのかと思っていたのですが、「マネジメントに進みたい」という熱い思いを私に語ってくれたのでした。

では、そのためには何が必要になるのか。「こんな勉強をして、こんなマインドになったほうがいい、そうすればチャンスが出る」とアドバイスしました。「ミムランチ」では、長期の視点での話が中心になるので、こんな会話ができるのです。

「自分の上長を飛ばして社長といきなり話をするなんて、上長としては面白くないのではないか」という意見を他社の経営者からもらったことがあります。私は無邪気にやっていますが、じつのところ、そういうことを気にしているマネージャーはコンカーには見当たりません。

部門を超えて何かを頼んだりするとき、会社の文化によっては「上長を通して頼まないといけない」というところもあるようですが、コンカーにはそうした文化はありません。「聞いてない」「メンツをつぶされた」と上長が怒り出すようなこともない。

もとより、そういう発想自体が社員にありません。「上を通さないで聞いちゃっていいのでしょうか」という転職者からの質問があると、コンカーの感覚に慣れている社員は、「それは何か」とびっくりしてしまいます。上長が知っておいたほうがいいことはもちろんあると思いますが、後から聞いて問題になったことはありません。

また、「ミムランチ」でキャリアの話を聞いたときも、上司に「彼はこういう方向性のようですよ」と報告をしたのですが、「そうでしたか。三村さん、そういう考え方を引き出してくださってありがとうございます」と感謝されました。

全社員と2年越しで開催すると意気込んで始めた「ミムランチ」ですが、スケジュールの都合で、なかなか進まないのが悩みです。それでもあきらめず、少しずつでも1人ひとりの社員とのこうした機会を大切にしていきたいと思います。

新卒社員と他部門のメンター双方にメリットがある「タメランチ」

コンカーでは、新しく入った社員にメンターがつくのですが、新卒社員の場合は、より綿密なサポートが必要だろうということで、部門のメンター以外に、他部門のメンターもつけることにしました。新卒1人に、2人のメンターがつくのです。自分の部門のメンターからの教えは比較的業務の話が中心になります。他部門のメンターがつくことにより、業務以外の話、たとえば勉強方法やキャリアの考え方も学べます。万が一、本来のメンターとの相性が良くない場合のリスクヘッジにもなります。

他部門のメンターにしてみると、「新入社員と接して、若いエネルギーやモチベーションに触れられる」というメリットがあります。また、後輩指導、育成という点で、とてもいい勉強になります。双方にとって、プラスだと考えました。

このような新卒社員の「〝他〟部門の〝メ〟ンター」とのコミュニケーションランチが、「タメランチ」です。

ちなみに、メンターはコンカーでは立候補で募ります。このときも、他部門のメンターへの立候補者を募ったところ、新入社員の数の倍以上の手が挙がりました。こうした積極性、ボランティア意識は、コンカーのいい社風であり、伝統になっています。

海外出張に換算すれば、かかる費用などたいしたものではない

じつはこのシリーズは、ランチのみならず、勤務後にも広がっています。もともと部門で飲み会をおこなっている部署があったのですが、部門によっては一切やらないところもあるようでした。

いわゆる〝飲みニケーション〟というものは、一般的に昔に比べて減ってきているようですが、部門内のコミュニケーションを円滑にするうえでは、それなりに機能すると私は考えています。そこで、せっかくなので「会社が補助をするので、年に2回は部門で飲みに行ってはどうか」というメッセージを込めて、制度化することにしました。それが、「セミアニュアル・チームディナー制度」です。

これは、部門飲み会の費用を1人あたり一定額まで会社が負担するというものです。その様子は、後に解説する「社内フェイスブック」に投稿してもらい、各部門の楽しんでいる様子を全社で共有できるようにしています。

ランチにしてもディナーにしても、回数に制限があるとはいえ、個人の費用を会社で負担することになるわけですが、ぜひ知っていただきたいのは、「かかる経費はそれほどたいしたものではない」ということです。計算してみるとわかりますが、社員数×支給額×頻度×実際におこなわれる可能性で出てくる金額は、会社にとっては十分負担できる金額であることに気づけます。それこそ、海外出張何十回分なんてものではなくて、数回分です。

私は「海外出張係数」と呼んでいるのですが、コストがかかることをおこなうとき、それがどのくらいの負担になるのか、海外出張と比較してみることにしているのです。わずか数回分の海外出張経費で、社内のコミュニケーションが大いに活性化し、社員が元気になるなら、安いものです。

コンカーは経費精算をビジネスにしていますが、経費というのは必ずしも悪いもの、節約しなければならないものではなく、スマートに、賢く使うことが何より重要です。コミュニケーション活性化のためのランチやチームディナーは、とても賢い経費の使い方だと思います。

社員が自発的に文化を作る「文化部」「CCO」「タスクフォース」

なじみのない社員同士のコミュニケーションの機会を作る「バディ活動」

コンカーを大きく変えることになった「合宿」については先に触れましたが、そのとき、「社内のコミュニケーションをもっと活性化させるための取り組みを進めないといけない」という課題が共有されたのでした。そこで、「コミュニケーション活性化のための草の根活動をやりたい」という声が社員から挙がり、有志のメンバーが立ち上がって生まれたのが「文化部」です。

文化部は後に、毎年のようにメンバーが入れ替わり、さまざまなコミュニケーション活性化のための企画や活動を推し進めてくれることになりますが、初代の文化部のメンバーから今も続くコンカーならではの取り組みが数多く生まれました。その1つが、「バディ活動」です。

バディ活動は、「月に一度、社内でだれかをペアにして、どんなことでもいいからアクティビティをしてください」というものでした。ランチでもディナーでも、どこかに出かける。ペアの決定、グループ分けは文化部が考えるのですが、2013年の春頃におこなった最初のバディ活動で私は1人の女性社員と組になって、2人でランチに行ってパスタを食べ、ゲームセンターでプリクラを撮ってきました。

文化部がペアを決めるというのは、言ってみれば、部門や役職を超えて「強制的にコミュニケーションの機会が与えられる」仕組みです。コミュニケーションを交わす機会をもらうことで、親しくなることができるわけです。

しかも、会社の業務でいっしょになるのではなく、何かのアクティビティでいっしょになる。仕事を離れたところで、コミュニケーションを交わす機会を得ることができるのが、「バディ活動」です。

当初は会社の費用負担はしていませんでしたが、1年後からは一定額の費用を負担するようになりました。また、月に1回はなかなか大変なので、2カ月に1回。そして社員が増えてきたので、今ではペアではなく、4～5人のグループになっています。

会社が大きくなってきて、新しい社員も増えてくると、「まだあの人とは話したことがない」なんてことも出てきます。しかし、「バディ活動」でいっしょになれば、顔なじみになり、すっかり意気投合して親しくなることもあります。役職者も参加しますから、階層を超えて、社内のコミュニケーションを深めていく機会にもできます。

今も2カ月に1回、「バディ活動」の組み合わせが文化部から発表されます。毎回テーマがあり、星座だったり、出身地であったり、あいうえお順であったり、いろんな方法で社員を4~5人のグループに分ける。そして、親しかろうが初対面だろうが、社長の私も含めて強制的にシャッフルされてグループ分けされ、「バディ活動」を楽しむことになるのです。

4~5人の中で、1人を「声かけ担当」として文化部が指名します。この役割の人が中心になってメンバーに声をかけ、どんなアクティビティにするかを決めます。やることの指定は特にありません。みんなで集まって何かをするなら、何でもかまわない。最もオーソドックスなのは、ランチ。次がディナー。しかし、次第に変わった取り組みがいろいろと始まるようになりました。野球観戦、テニス、麻雀、ボルダリング、ダーツ大会、パターゴルフ、釣り堀居酒屋、お好み焼き大会、モノマネパブ、スポーツチャンバラ、プロレス観戦、皇居ランニング、バーベキュー、ガード下飲み、料理教室、アイススケート、サバイバルゲーム、スパイゲーム、ボーリング……これが盛り上がるのです。

こうしたアクティビティを通じて、社員は親睦を深め、コミュニケーションが円滑になっていく。役職や部署を超え、業務上では直接関わることのない社員同士で交流が生ま

バディ活動：仕事を離れ、さまざまな部門の社員が多様なアクティビティを通じて親交を深め合う

れていきます。また、新しく入社した社員にとっても他部署の社員と交流する、とてもいい機会になっています。

年に一度メンバーが入れ替わる文化部は、現在6代目になりました。会社は、文化部の運営については何もタッチしません。文化部のメンバーは、1年が終わると自分たちで次の代を探し始めて、勝手にバトンタッチしてくれています。実際、文化部のメンバーに聞くと、「業務の傍でする活動は大変さもあるが、それ自体が楽しいし、会社への貢献も感じられ、社内のネットワークも広がる、またとない機会だ」と言ってくれます。

文化は資産、ならばお金がかかるのは当然

「バディ活動」もそうですが、もう1つ文化部が担っている重要な役割に「社内イベント」の開催があります。毎年、文化部主催でおこなわれている「バーベキュー大会」「忘年会」をはじめ、2018年の春には社内で「お花見」が開催されました。銀座オフィスのセミナールームに大きな桜の苗木を置いて、大阪のチームと大きなスクリーンで映像をつなぎ、交流しながらのお花見となりました。

イベントの運営に会社はまったくタッチしませんが、文化部に対しては一定額の運営予算を割り当てています。その中で、全社イベントを企画してもらっています。

会社の文化というのは、会社のアセット（資産）を構築しているようなもので、ある種の投資です。それにお金がかかるのは当然だというのが、私の考えです。そこから、定例行事になっているバーベキューや忘年会、お花見のようなイベントも生まれました。こうした行事は会社主導でやるよりも、社員の手作り感覚に委ねるほうが盛り上がるのです。

COLUMN

バレンタインを「紅白贈り物合戦」にすることで、n対nの義理チョコ義理クッキーがなくなる

コンカーで1つのイベントになっているのが、「バレンタインデー」です。多くの会社で義理チョコが飛び交ったりする日ですが、「いろいろな面で負担になる」という声を耳にしていました。お金も時間も気遣いも必要になります。

そんな中、コンカーでは、ある年のバレンタインデーで、女性社員全員から、男性社員全員にチョコレートのプレゼントがありました。贈呈式のような場を作ってくれて、全員にコンカーのロゴ入りのチョコレートを贈ってくれたのです。

男性社員がうれしくないはずがありません。ホワイトデーには、そのお返しに、男性社員はビデオメッセージを作ったり、顔写真を印刷したクッキーを1人ひとりに贈りました。翌年は、私がゴルフを始めたことで、女性社員が全員でお金を出し合って男性社員にパターマットを贈ってくれ、男性社員はお返しに簡易的なマッサージチェアを送りました。

こんなふうにすることで、n対nの義理チョコや義理クッキーがなくなっただけでな

く、女性社員、男性社員がそれぞれ感謝を示す場として大いに盛り上がることになりました。これについては会社の費用負担はありませんが、全員でお金を集め（社長の私は多めに払うことになるのですが笑）、プレゼントを贈り合うようになったのです。

それこそ今やすっかり義理を超えて、紅白贈り物合戦のようなイベントになっています。何を贈れば相手に喜んでもらえるか。毎年、真剣勝負です。当初は有志で始まりましたが、このバレンタインについても、最近は文化部がコーディネーターをしてくれています。バレンタインも、会社を挙げての楽しいイベントになっています。

文化づくりの推進役、CCO（チーフ・カルチャー・オフィサー）を任命

コンカーには、何度も書いているように、ミッション、ビジョン、コアバリューをまとめた「コンカージャパンビリーフ」がありますが、これをカードにして配布する取り組みを推し進めてくれたのは、文化部でした。

その発案者は、かつて初代文化部にいた、製品翻訳を担当する女性社員です。彼女はコミュニケーションタスクフォースの最初のメンバーでもあり、会社が何か言わなくても、これまでも自発的にいろんな形で文化面での貢献をしてくれていました。会社が主導した取り組みはとかく堅いものになってしまいがちですが、彼女のアイデアはいつも肩の力が抜けておりユーモアセンスも高く、会社の雰囲気にいい意味での〝抜け感〟をもたらしてくれています。じつは、私が「バディ活動」ではじめてペアを組んで、プリクラをいっしょに撮ったのが、この女性社員でした。

ある日、この社員が「コンカーの文化づくりに、もう少し公の形で関わりたい」という思いを打ち明けてくれました。そこで新しいタイトルを作ろうということになり、考えたのが、「CCO（チーフ・カルチャー・オフィサー）」でした。正式にアサインし、オールハンズミーティングの場で全社員にも発表しました。彼女の貢献を知る全社員から拍手で迎え

られたのは言うまでもありません。専任職ではなく、本業である翻訳の実務をしながら、20％をCCOの業務に当ててもらっています。想いを持った1人の社員のわずか20％の業務時間が、会社にとっては大きな潤滑油になるのです。

文化はコンカーにとってとても大事ですから、CCO職を作ったということも、文化づくりへのコミットメントを表す社員へのいいメッセージになったと思っています。

会話が生まれる仕組みを作る「コミュニケーションタスクフォース」

社員の立候補による組織といえば、もう1つ「コミュニケーションタスクフォース」があります。コミュニケーション活性化に向けて、さまざまな社内イベントやコミュニケーション促進の施策を推進しているタスクフォースです。

会社の成長スピードが速く、コミュニケーションの促進には、いつも頭を悩ませてきましたが、文化部と並んでその役割を積極的に担ってくれたのが、社員有志によるコミュニケーションタスクフォースでした。

このタスクフォースは、インサイドセールス（電話による営業職）の若手社員が、社員数の増加と共にコミュニケーションが希薄化することに危機感を持ち、自分の過去の経験を活かして「こんな活動をしたい」とある日メールで私に訴えてきて立ち上がったものです。コミュニケーションは、会社の問題でもありますが、会社がなんとかするものではなく、社員1人ひとりの意識に深く関わる問題です。トップダウンではなく、ボトムアップの取り組みが効く。そして、その活動は想いを持った社員がリーダーシップを発揮する。私はこのような申し出を自発的にしてくれたことに少し感動を覚えてじんとなりながら、若手社員の申し出を即座に受け入れました。

文化部がイベントを中心にしているのに対して、コミュニケーションタスクフォースは、社員同士がコミュニケーションを始めるちょっとした〝きっかけ〟を与えることを基本方針にして、さまざまな活動をしています。たとえば、オフィスの従業員入口のところに、70インチの大型モニターが設置されていて、いろいろな映像が映されるようになっているのですが、新しく入社した社員は、そこに顔写真と名前、プロフィールが何度も流れたり、前月に起こった社内の楽しいニュースが流れています。この仕組みを作ってくれているのが、コミュニケーションタスクフォースです。

社内のくつろぎスペースにもなっている場所に流れるので、こういうものがあると社員はちょっと立ち止まって眺めたりする。そこから会話が広がっていったりします。映像に映っている本人が現れて、会話が始まることもあります。こうして会話が生まれる仕組み作りをコミュニケーションタスクフォースがおこなってくれています。

クリスマスには、クリスマスイベントとして、「三村サンタ」という企画をおこなってくれています。「三村サンタ」は、「社員の夢を何でも1つ叶える」というイベントで、毎年、楽しみに待ってくれている社員がいます。

文化部にしても、コミュニケーションタスクフォースにしても、「有志にお願いしている」ということが、大きなポイントです。会社からの押しつけ感が出ると、こういう取り組みは、どうしてもシラケ感や、やらされ感のようなものが出てきてしまうからです。

あくまで、社員起点の取り組みであることが大切。予算を与えて、自由に考えてもらう。そして、メンバーを入れ替えていく。コンカーでは、多くのケースで入社して半年から1年の社員が立候補して引き継ぐことが多いです。

こうした社員の善意の取り組みに対しては、ボーナスなどで報いるわけにもいかず、どのように報いるかが課題でしたが、評価・昇進の際に考慮をすることにしています。リーダーシップを自分から発揮してくれている社員は、短期的には金銭的なリターンはありませんが、長期的には会社で評価され、昇進・昇格にもポジティブに作用するのです。

会社の課題や施策は必ずしも部門や組織の単位と一致しない、だからありがたい

自発的なタスクフォースは、ほかにもあります。

ＣＳＲタスクフォース

ＣＳＲタスクフォースは、会社としてＣＳＲの取り組みを進めているタスクフォースです。大きな災害時には募金活動をおこなったり、普段も身近でできる社会貢献活動の紹介や実践をしています。

たとえば、文化部主催のバーベキューでは、開発途上国生産者の商品を適正価格で購入できるフェアトレードブースを設けて、チョコレートやコーヒー豆、紅茶やグッズなどを販売し、途上国の人々の自立を支援する国際協力活動をおこないました。

また、コンカーは政府に働きかけて領収書電子化の規制緩和を主導しましたが、「領収書が電子化された枚数に応じて植林の寄付をする」という取り組みもおこなっています。

その他、社員のボランティアを応援する体制を作るべく、コンカーには年2日のボランティア休暇制度があります。

情報共有タスクフォース

情報共有はどこの会社でもなかなか解決できない難しい課題ですが、コンカーもその例外ではなく、社員の急増を背景にその課題は年々深刻さを増していました。そこで立ち上がったのが「情報共有タスクフォース」です。インフラ面では、社内向け情報共有ポータルやＡＩによるチャットボットを導入しました。また運営面では、各部門からタスクフォースメンバーを募り、それぞれの部門状況に合ったポータルのコンテンツ作り、各部門における啓発活動などをおこなっています。

情報共有には、現場での知識を仕組みに吸い上げるハード面、そして個々の社員の意識を高めるソフト面の両面での取り組みが必要ですが、トップダウンで立ち上げて定着まで持っていくのはなかなか困難です。このタスクフォースも、システム運用を担当する社員の強いリーダーシップによって、ボトムアップの活動が活発におこなわれています。あるベテランの営業から「昔は社歴の浅い営業からの問い合わせがひっきりなしで、対応にかなり時間を取られていた。しかし、ポータルで営業情報が共有されて以降、ピタッと問い合わせがなくなった」というコメントを聞いた時には、情報共有タスクフォースのメンバーとリーダーに、あらためて感謝の念を深めました。

Great Place to Work タスクフォース

ユニークなところでは、「Great Place to Work タスクフォース」があります。長年、管理部長と私で、働きがいを高めるためのさまざまな取り組みをおこなってきましたが、トップダウンでは施策に限界があり、社員の視点をもっと取り入れたいと考え、有志の社員に結成してもらいました。

このタスクフォースでは、働きがいにつながるさまざまなテーマを決めて1年単位で活動しています。2017年は「誇り」をテーマに、そして2018年は「チームワーク」をテーマにしたさまざまな施策を打ち出しました。GPTWのランキング1位には、このような草の根のタスクフォースの貢献がまちがいなくあったと考えています。

ファミリーデータスクフォース

「ファミリーデー」は、「家族にもコンカーのファンになってもらおう」という目的で社員の家族をオフィスに招待した交流イベントです。銀座の新オフィスへの移転とともに、社員が自発的にタスクフォースを結成してくれました。

このタスクフォースは、入社して半年に満たない社員が中心となっており、社歴の浅さを感じさせない彼らの主体的な活動を見て、社員数の拡大は必ずしも文化の希薄化を意味しないと安心したものです。

ファミリーデーではタスクフォースのメンバーが知恵を絞り、オフィス中をロゴ入り風船で飾り付け、子供たちにお揃いのTシャツを用意したり、縁日の綿菓子機、かき氷機、射的や輪投げなどをレンタルで借りてきて、子どもたちが楽しめるようにしました。この縁日は遊ぶのにコインを使うのですが、コインを使い終わっても、経費精算の作業をすればコインが戻ってきてまた遊べるという、コンカーの仕事の中身を遊ぶことを通じてわかってもらうゲームにしました。

ファミリーデーの様子:「家族にもコンカーのファンになってもらおう」という目的で社員の家族をオフィスに招待した交流イベントを開催。入社して半年に満たない社員が中心となってタスクフォースを結成し、企画から運営までを実施した

休日に子どもたちもいっしょに楽しんでもらおうと、土曜日に開催。強制ではなく、自由参加でしたが、社員の7割以上の参加がありました。「お父さんがどんなところで働いているかわかった」「お母さんが昼間どこで何をしているのかわかった」といったお子さんの声が上がり、中には「大きくなったらコンカーで働く」と言ってくれたお子さんもおられたようです。

災害対策タスクフォース

このタスクフォースは「会社の災害対策を強化すべき」との問題意識を持った社員が自発的に立ち上げてくれたものです。防災グッズの調

文化部	バーベキュー、お花見など、社員の家族を含め、会社全体のコミュニケーション活性化のための施策を企画・実行
コミュニケーションタスクフォース	日常のちょっとした場面での社内コミュニケーション活性化のための施策を企画・実行
CSRタスクフォース	CSR(Corporate Social Responsibility)活動の企画・実行
Great Place to Workタスクフォース	働きがいを高めるために、会社の課題を抽出、取り組みの提案を実施
セキュリティタスクフォース	セキュリティインシデントを未然に防ぐため、セキュリティの意識を高めるための施策を実施
災害対策タスクフォース	防災グッズを調達したり、災害発生時の対応マニュアルを作成
ファミリーデータスクフォース	社員の家族を職場に招待して、職業体験や懇親会をおこなうファミリーデーの企画・運営
社員旅行タスクフォース	社員旅行を実施した際、企画・運営などを実施

タスクフォース一覧:部門横断的なテーマに対してはさまざまなタスクフォースが結成され、部門の枠を越えて活動している

達、災害発生時のプロセスの定義、そして携帯カード型の災害時対応ミニマニュアルなどを会社の管理部と共同で整えたのちに解散しました。

このタスクフォースを起案した社員には、そのリーダーシップを称え、のちに「ベストイニシアティブ賞」と呼ばれる従業員アワードが贈呈されました。

会社の課題や施策は、必ずしも部門や組織の単位と一致しません。どこか特定の部門が担当するのが困難なだけに、本来の組織や普段のミッションを超えた取り組みができるタスクフォースは、ありがたい存在です。

タスクフォースの運営は、社員の自主性を尊重します。ただし、会社として予

算面での補助をしたり、1年任期のタスクフォースには、任期交代のタイミングでねぎらいの食事会に招待したりしています。オールハンズミーティングでは、各タスクフォースのリーダーから活動内容を発表してもらったり、タスクフォースを発案するような自主性とリーダーシップに優れた社員に対しては従業員アワードを贈呈したりしています。

こうした文化をより強く後押ししたいという思いもあり、「社内NPO制度」もスタートさせました。タスクフォースのように、「自分で会社のためにこういうことをしていきたい、ということがあれば、どんどん声をあげてください」と伝えています。会社は必要に応じてきちんと予算をつけるなど、バックアップをしています。

麻雀部からヨガ部までさまざまな社内の「部活動」や、「社内フェイスブック」

会社が部活動の費用を補助

「社員の交流を深める」「コミュニケーションを活性化する」というところではもう1つ、コンカーでは「部活動」が積極的におこなわれています。そして、1つの部に対して、毎年一定額の活動費用を認めています。この活動費用を使って、たとえば、野球部などはユニフォームの購入費用の一部にしたり、テニス部はテニスコートの利用に充てたりしています。

部は、すでにたくさん生まれています。野球部、テニス部をはじめ、ゴルフ部、麻雀部、ガンダム部（ガンダムのネットワーク対戦ゲームを楽しむ活動）、美術部、カート部、スキー部、バスケ部、サッカー部、ランニング部、ロードバイク部、筋トレ部、ヨガ部、レトロゲーム部、デ部（おいしいものを食べに行く活動）、などなど。

ただ、知る人ぞ知る部活動になってしまうと、新しく入ってきた社員が入りにくくなったり、部活動によって活性の度合いにバラツキが起こるという問題も出てきました。部活動は会社が強制してやるものではありませんが、「実行のためのサポートはしたほうがいい」ということで、少額ですが、会社が費用を負担することにしました。

部活動によって、趣味や興味が共通した社員が思い思いに集まり、部門を超えてコミュニケーションを図っています。私自身も、ゴルフ部、麻雀部、ガンダム部、筋トレ部などに定期参加しながら、ほかの部活にも時間が合えば参加するなどして、社員との楽しい時間を過ごしています。

社内フェイスブックの投稿の95％は非業務の内容

もう1つ、社員の交流を深め、コミュニケーション活性化の手段の1つとして活用されているのが、「社内フェイスブック」です。多くの社員が日常的にフェイスブックを利用しているため、フェイスブックで非公開のコンカーのページを作って運用することにしました。

たくさんの投稿がおこなわれていますが、投稿の95％は非業務です。部活動、飲み会、出張先の現地レポート……毎日のように、いろいろな社員が投稿しています。

その中には、コミュニケーションタスクフォースが運営して、新しく入った社員が出演する「新人さんいらっしゃい」という名前の社員インタビュー動画や、CCO主催で、ご飯を食べながら、その社員の隠れた人柄を引きだそう、という「東京ランデブー」という名前の社員インタビュー動画もあります。

CCOやコミュニケーションタスクフォースが肩の力を抜いて、楽しんで作っているので、社員も楽しんでみてくれる。もし、私がインタビューをしたら、もっと堅いものになってしまうでしょう。いい企画になっているので社内フェイスブックページはアクセスしていない社員はほとんどいないと言っていいほど多くの社員が見ており、シラけないで投稿してくれています。社員交流の楽しいインフラとして機能しています。

広いけど探しやすい、社員の接点を極力最大化する「オフィス」づくり

「ワンフロアに全社員が座る」というゆずれない想い

働きがいという観点はもちろんですが、コミュニケーションが活性化するという視点でも極めて重要なのが、オフィスです。コンカーでは、強いこだわりを持ってオフィスづくりに取り組んできました。

コンカーが最初にオフィスを構えたのは東京・恵比寿でしたが、これはいわゆるインキュベーションオフィスと呼ばれるレンタルオフィスでした。本格的に「自分たちのオフィス」として構えたのが、今の銀座の前の有楽町のオフィスでした。人数が増えて、やはり手狭になる中で有楽町から銀座に引っ越しをしたわけですが、そのときに意識したのは、広さだけでなく、働きやすさやコミュニケーションを重視することでした。そのため

にも、しっかり投資をしなければいけないと考え、本社との予算交渉はかなりがんばりました。

有楽町のオフィスが手狭になる中で、最初は「同じビルで増床する」というプランが持ち上がりました。11階にオフィスがありましたが、7階が空いていたので、その2つをオフィスにするというアイデアです。しかし、私が感じていたのは、やはり全社員が1つのオフィスにいることが極めて重要だ、ということです。以前のビルの中で2フロアに拡張するほうが明らかにコストは安上がりだったのですが、「ワンフロアに全社員が座る」というところは譲れない、と考え、フロア拡張ではなく新オフィスへの移転を決断しました。

ですから、新オフィスの物件探しを始めたときも、600坪のオフィスを必要としていたので、「300坪のスペースを2フロア借りる」という物件は、はなから候補に加えませんでした。そうして出会ったのが、銀座の新しい商業施設、GINZA SIXのオフィスビルでした。銀座という場所柄やGINZA SIXという話題性から、企業ブランドの向上にもつながると考えましたが、なによりも、ワンフロアで完結でき、コミュニケーションの活発化促進という点で、大きな魅力がありました。

GINZA SIXのオフィスビルは、受付がちょうど真ん中あたりにあります。しかし、受付から顧客を迎えるエリアを真ん中に作ってしまうと、社員が働く執務エリアが分断されてしまうことがわかりました。

そこで、廊下を使って受付エリアを右側にずらし、執務エリアが分断されないオフィスになるようにしたのです。ここは大きなこだわりでした。ワンフロアに社員が座ったとき、見晴らしをよくしたかったからです。

オフィスの真ん中には、「コミュニケーションバンド」と呼んでいるさまざまなスタイルのミーティングルームで構成されるエリアを設けました。このときも、このエリアが壁になるとどうしても視界が遮られてしまうので、できるかぎり壁面にガラスを使いました。最初に上がってきたデザインは壁でしたが、「素材をすべてガラスにしてください」とお願いして、視線をさえぎる壁を極力少なくしてもらいました。

ここまでワンフロアと見晴らしにこだわったのは、顔が見えたり、同じ空間で過ごすことによる物理的コミュニケーションが、極めて貴重なものだと考えているからです。それを、構造的にも担保したかったのです。

固定席は多めに、「タテ」と「ヨコ」が常に混ざるようにして、タコツボ化を防ぐ

銀座の新しいオフィスに引っ越してきたとき、社員からはいろいろなフィードバックがありましたが、こんな声が印象的でした。

多様な働き方に対応する執務エリア

①円滑なコミュニケーションができるようフロアを横切り、どの席からも一定の距離になるゾーニングを実現した **コミュニケーションバンド**

②ICカードリーダーや名刺読み取り機を設置し、社員同士で会話をしながら電子化をおこなう導線をつくった **社員通用口・CafePantry**

③自由な働き方に欠かせない上司部下1対1の信頼関係構築を促進するコミュニケーションスペース **1on1 ブース**

④パーテションに囲まれた **集中ブース**

⑤パンフ、イベント情報を確認できる **情報エリア**

⑥プレゼン練習やゲームで息抜きができる **段々ベンチ**

⑦気軽に集まって議論ができる **ファミレスブース**

⑧リラックスして仕事ができるソファ席やドリンクコーナーを設置した **WorkCafe**

【番外】空港・飛行機をモチーフにしたサインや航路図をイメージしたグラフィックデザインを随所に散りばめ、"旅"感を演出

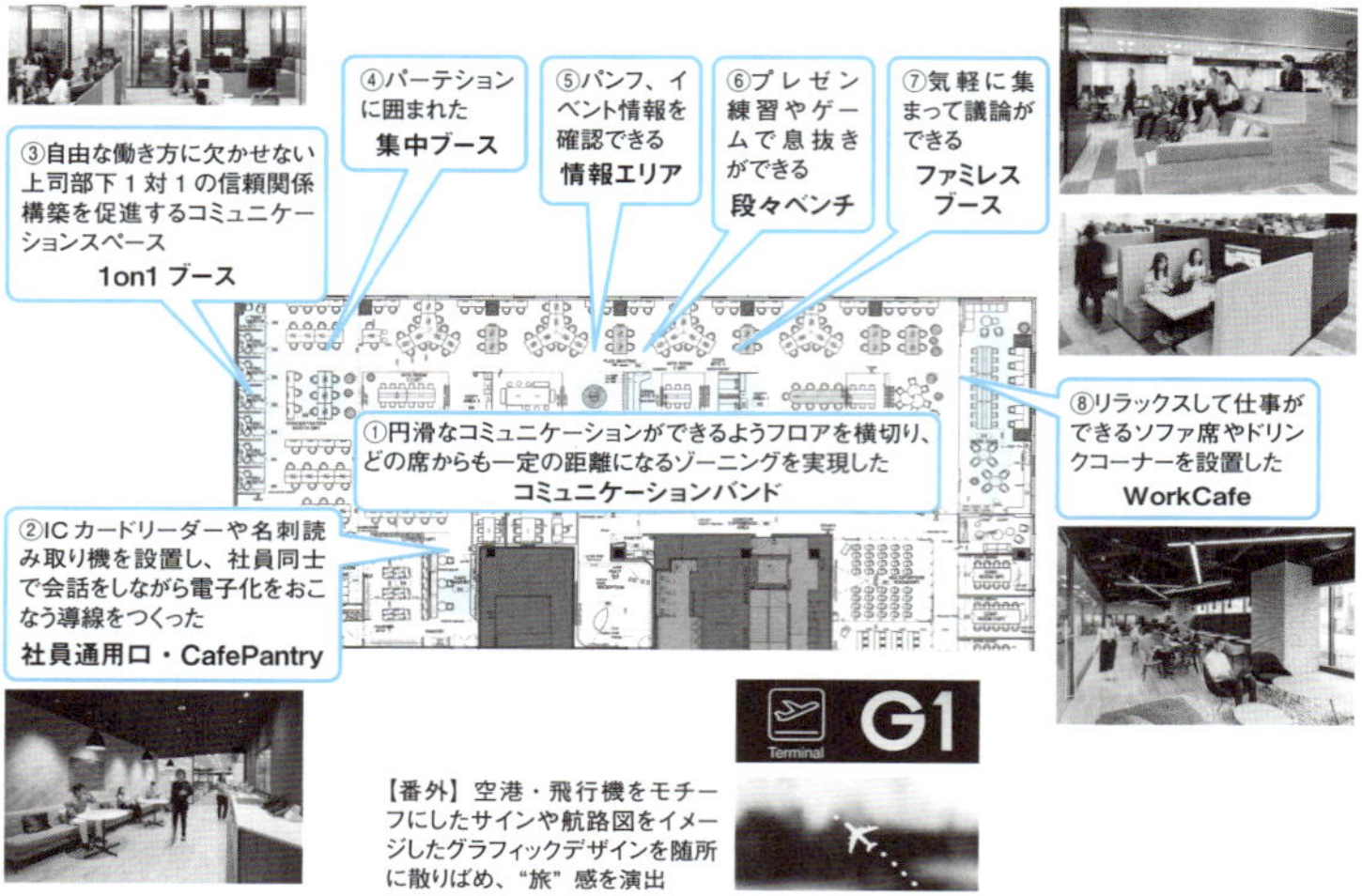

フリーアドレスエリア

「このオフィスはとても広い。広いけど、人を探しやすい」

まさにこれこそ、私が目指していたことです。実際、オフィスの間取りは横に長いレイアウトをしています。よくあるデザインでは、左側に固定席を作り、右側にフリーアドレス、という、わかりやすい分け方をするのが一般的だと思います。

しかし、コンカーのオフィスは、手前に固定席、奥にフリーアドレスという作りにしました。そうすることによって、フリーアドレスと固定席の社員の接地面積を、極力最大化したかったからです。別々に離すのではなく、近づけたのです。

フリーアドレスと固定席はおたがいにどんな風景になっているかが見えるようになっています。その間にあるのが、コミュニケーションバンドです。いろんなスタイルのミーティングスペースがあり、社員がパッと集まって、会話できる空間です。壁ガラス張り型、よくバラエティ番組などで見かける「ひな壇」型、ファミレス型、スタンディング型など、さまざまな型式のミーティングエリアが用意されています。

コミュニケーションを大切にするため、1on1ミーティングのための専用の個室も作りました。「並んで話をすると、対立的にならない」と言われます。そこで、モニターを見ながら横に並んで座って話せるようにしています。

フリーアドレスは6つのエリアがあり、それぞれG1からG6までを「住所」にして、たとえば、ある営業部は月曜日はG1に座る日、あるセクター（部門横断の組織体）は火曜日はG2に座る日など、決めています。これも、コミュニケーションを重んじているからです。

フリーアドレスは、どうしても全員がバラバラに座ってしまうため、組織内での物理的なコミュニケーションが衰えがちになってしまいます。しかし、曜日によってある程度のゆるやかな組織単位で集まって座る取り決めを作っておけば、きちんとコミュニケーションが取れるようになります。

新しいオフィスは、社員にとても好評です。「社員が尊重されている感じがする」という声ももらっています。それはまさに、このオフィスのデザインを始めた時の願いでもありました。

第6章

人材採用

採用率3%に厳選し、会社に溶け込んでもらい、辞めない仕組みを作る

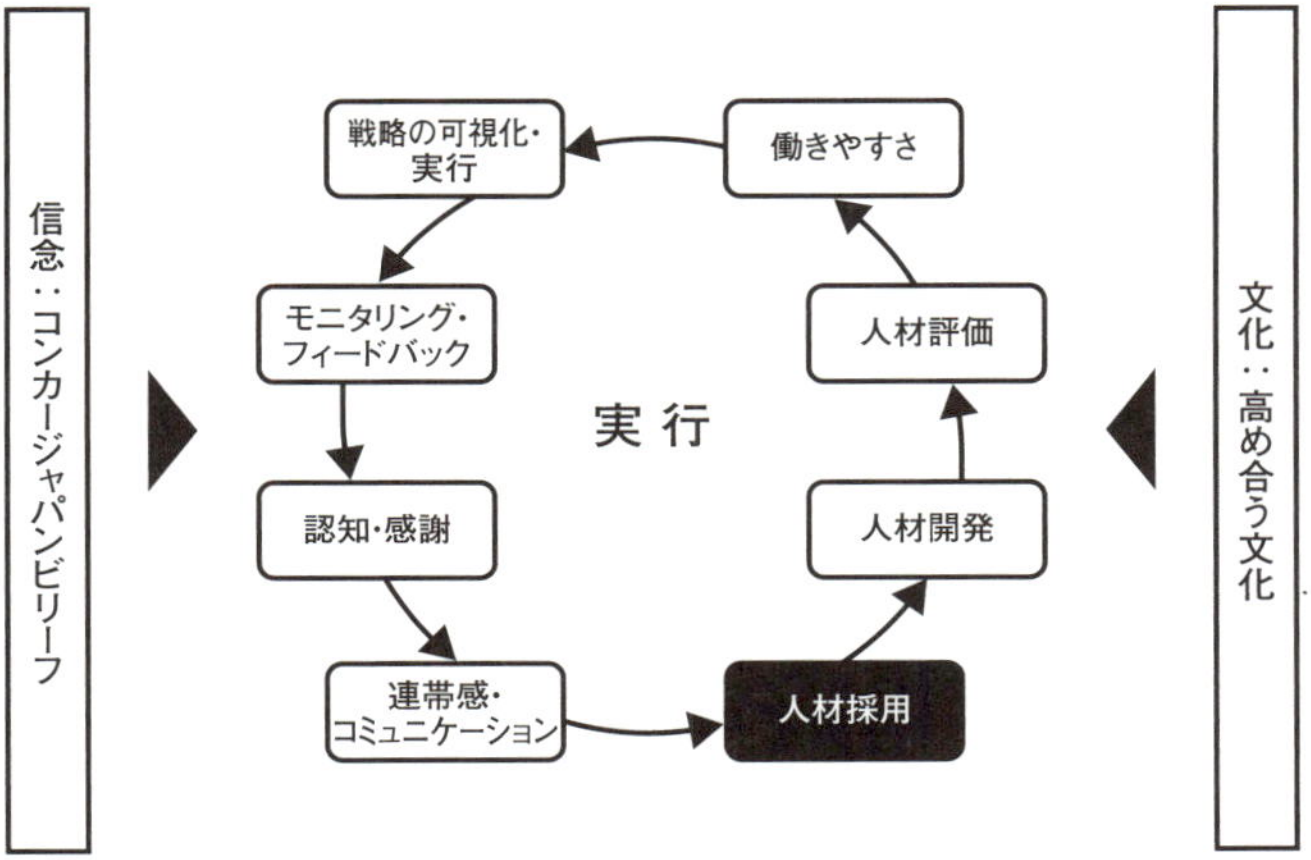

「優秀でありながら優しい人が多く、温かい雰囲気で仕事ができます」

応募の分母を増やすために「採用エージェントへの方針説明会」を開催

採用で妥協すると、ボディブローのように経営へのダメージになる

若い頃、マネジメントの本をむさぼるように読んでいた時期があったことは先に書きましたが、その素晴らしい内容に感激して愛読書になった1冊が『ビジョナリー・カンパニー2　飛躍の法則』です。その中にあったのが、「だれをバスに乗せるのか」という有名な言葉でした。乗せるのは正しい人でないといけない、まちがった人をバスに乗せてしまうと大変なことになる、と。スタートアップの企業が躓くのは、拡大期において初期のメンバーから人員を増やす際に、採用を急ぐあまり、採用で妥協してしまうこと。採用ミスは、ボディブローのように経営へのダメージになります。実際、コンカーの日本法人の創業期に苦労したのは、採用の問題に起因したものが多々ありました。

会社に合わない人を採用してしまうと、文化が壊れてしまう。採用には、徹底的にこだわらないといけません。会社が成長しているときには、文化への適合度合いなどはよく吟味せず、すぐにでも人を採用したくなってしまいますが、絶対に安易に妥協して採用してはいけません。

しかし、狭き門にしつつも、一定の採用人数を確保しなければ成長を維持できなくなりますから、採用は重要な経営マターです。採用戦略とマーケティング戦略は、人を集める観点で、多くの類似点があります。そこで考えたのが、マーケティングでいうところの「ファネル」的な発想でした。ファネルとは「漏斗（ろうと）」を意味しており、見込み顧客を集めると、その見込み顧客は商談の過程で徐々に少なくなっていくので、出口の量を大きくするためには入口の見込み顧客の数を大きくしなければならないという考え方です。

端的にいえば、「採用を絞っても必要な人員を確保するために、分母となる応募者数を最大化する必要がある」ということです。分母を大きくすることができれば、それだけ選考段階で妥協せず、出口の採用人数も増やしていくことができます。

結果的に、コンカーでは、ＩＴ業界の採用率としては異例に低い2・7パーセントとなっています。すなわち、１００人の応募があっても、合格するのはわずか3人未満。

それだけの厳選採用をしているからこそ、コンカーに本当にふさわしい優秀な人材が採用でき、文化も保たれている。そして、業績も継続的に成長を続けていくことができているのです。

採用エージェントとの関係構築を人事部まかせにしてはいけない

では、どうやって応募者数を増やしていくのか。考え方はシンプル。採用に携わるエージェントやヘッドハンターの数を増やすのが最初の一歩です。採用はある種の確率論ですから、取引するエージェントを増やすことによって、紹介される候補者の母数を増やす、というわけです。

そして同時に、採用エージェントとのリレーションを深めることを考えました。1社1社との関係を大切にするのです。

私も以前から採用エージェントとはお付き合いがありましたが、1つの印象を持っていました。それは「採用エージェントは取引先として、もしかすると、あまり大事にされていないのではないか」ということでした。人事部の取引先であって、経営者にとっての取引先ではない、という印象がある。だから、一部のエグゼクティブに特化したエージェントを除いて、経営者のパートナーとして特別に大事にしてもらえることがあまりないのではないか、と。

しかし、私は、採用エージェントは「経営者にとっての取引先」だと認識していました。経営において、採用は企業の競争力を左右する重要な活動だからです。

多くの企業が、採用エージェントとの関係構築を人事部任せにしがちです。しかし、私はいい候補者へアクセスするには、経営者自ら採用エージェントとの関係強化をすることが必要だと考えています。そこでおこなうことにしたのが、年2回の採用エージェントを集めた方針説明会でした。

目指すべきは、採用エージェントがワクワクしながら、「コンカーは、いい会社だから受けるべき」と自信を持って候補者と会話している状況です。そのために、説明会では会社のビジョンや戦略の説明、各部門長からのプレゼンテーション、製品のデモンストレーションなどを実施することにしたのでした。

知ってもらえなければ、好きになってはもらえない

採用エージェント向けに、経営者自身がこのような活動をしている企業は、とてもめずらしいと思います。それだけに、採用エージェントがコンカーを見る意識が変わりました。それこそ端的に、採用エージェントを大切にしてくれている会社と、邪険に扱っている会社では、優秀な人材が来たときに、はたして、どちらに採用エージェントは候補者を

紹介するでしょうか。

ただ、採用エージェントによっては、「特定の企業に深く入り込むことで、採用にコミットする」というスタイルの会社もあります。コンカーとしては分母を広げたいので、採用エージェントを増やしたいわけですが、多数の採用エージェントと契約していることに対して、一部のエージェントからは「これではコンカーにコミットできない」と不満の声も寄せられました。

そこで、採用エージェントにとって候補者をどの企業に紹介するかは、大きく3つの基準があると考えました。

①紹介フィーが高いかどうか
②その会社には自信を持って紹介できるだけの魅力があるか
③入社後に候補者が幸せになれるか

それなら、この3つを満たすことができれば、多数のエージェントがコミットしてくれる――そう考えたのです。それを方針説明会でしっかりとエージェントに伝えていくことが大切であると。

実際、方針説明会でコンカーのことをしっかり知ってもらえれば、コンカーに対して好感を持ってもらえる可能性が高くなると私は思います。好感を持ってもらえれば、「入社後に候補者が幸せになってもらえる」という具体的なイメージを描きやすいはずだ、と。そのためには、きちんとした情報を提供することが極めて大事です。

そして採用エージェントは、「紹介した候補者が、コンカーに入社した後、どうなっているか」ということにも、関心を持っているようです。採用エージェントは、紹介した社員が入社した後も、定期的にフォローアップを目的として会っており、厳選採用をしているおかげで、入社した社員からはポジティブなフィードバックが送られているようです。結果的に、「やっぱりあの会社に紹介したら幸せにできる」というイメージをより強く持ってもらえるようになります。

採用こそ最大の経営戦略

採用エージェントへの方針説明会には、今では30～40社も集まります。エージェントの数を増やすと、今度はどうしても1社1社とのリレーションが薄くなる危険がある。

そこで、ARM（Agent Relationship Management）と称して、コンカーにふさわしい優れた人材を紹介してくれているかどうかでエージェントをクラス分けし、上位、準上位のエージェントとは会食をさせてもらったりするなど、徹底した関係強化を図っています。

また、採用数に応じて紹介料がランクアップする仕組みを導入したり、採用エージェント間の競争意識を加速するため、年間で最も多数の社員を紹介したエージェントをアワード表彰する制度も作っています。

これはエージェントへの方針説明会でも語っていますが、「人材こそが最大の経営戦略」というのがコンカーの考え方です。スキルは伸ばせますが、文化や価値観への適合度合いは入社後に変えることは困難です。したがって、文化を守るためには採用を厳選せざるをえない。それができるかどうかは、採用活動の成否にかかっています。突き詰めれば「採用こそが最大の経営戦略」なのです。採用エージェントは、経営者にとっての重要な取引先。いい関係を築かなければいけない、大事なパートナーなのです。

コンカーを職場に選ぶ理由をネットで公開

そもそも採用エージェントから候補者への情報提供量には限界がある

採用エージェントにしっかり方針説明をしたり、会社を知ってもらう取り組みを進めることは極めて重要ですが、一方で、採用エージェントの限界もあると思っていました。候補者にはエージェント経由でコンカーの情報が伝わることになりますが、「採用エージェントが、コンカーの良さを説明するのには限界があるだろう」という思いがありました。

もとより、大きな採用エージェントだと、コンカーのような採用する立場にあるクライアントの担当と、対候補者の担当が違うケースがあります。紹介する企業とのリレーションを深める人と、候補者を探し、面談して、見合う企業を紹介する人が違うのです。コンカーと直接やりとりしているのは、前者。クライアントとのリレーションを深めようと活動している人たちですから、じつは彼らにいくら情報提供しても、必ずしもダイレクトに候補者へ情報が伝わるわけではないことがある――その事実に気づきました。

そこで、失礼と知りながらも「そもそも採用エージェントからの情報提供量には限界がある」と採用エージェントに伝えました。コンカーとして人材に対する入社の提案書を用意するので、それをそのまま渡してほしい、と。それが、「コンカーを職場に選ぶ理由」と題した、100ページを超えるパワーポイント資料です。

分厚くなりますから、オンラインで公開し、候補者のみならず、だれでも見にいけるようにしています。実際、公開してみたら、ダイレクトに検索してくれる候補者がとても増えました。

もちろん、採用エージェントの存在は重要です。いかにコンカーという企業に気をかけて、候補者に紹介してくれるか。ただ、次のステップで重要になるのは、「候補者がコンカーに興味を持ってくれるかどうか？」です。ここで「コンカーを職場に選ぶ理由」が、強烈に効いてくるのです。

事前に知ってもらえるから、強い興味をもってもらえる

インターネットで「コンカーを職場に選ぶ理由」というキーワードで検索してみてくだ

さい。かんたんに資料にたどり着くことができます。冒頭では、「資料の内容」を目次のように置いていますが、ちょっとご紹介してみましょう。

- コンカーの事業状況
- 社会を変える－領収書電子化に向けた規制緩和の取り組み
- コンカーを職場に選ぶ27の理由
- コンカージャパンの風景
- コンカージャパンのミッション・ビジョン・コアバリュー
- 社員の声

それこそ会社概要から、製品特徴、利用実績、事業の推移、契約高の推移、他国との比較、成長の要因、成長戦略、各種表彰、増員計画をはじめ、本書で紹介しているさまざまな取り組みをはじめとして、バディ活動や部活動の写真なども取り上げています。

実際、候補者のほぼ全員が面接の前にこの資料を見てくれています。だから、面接の時には、すでにコンカーに強い興味を抱いている状態になってくれています。

また、このアプローチは入社後のギャップを予防する効果も期待できます。たとえば、コンカーは社員同士の交流が非常に活発なので、人との交わりをあまり好まない人材には

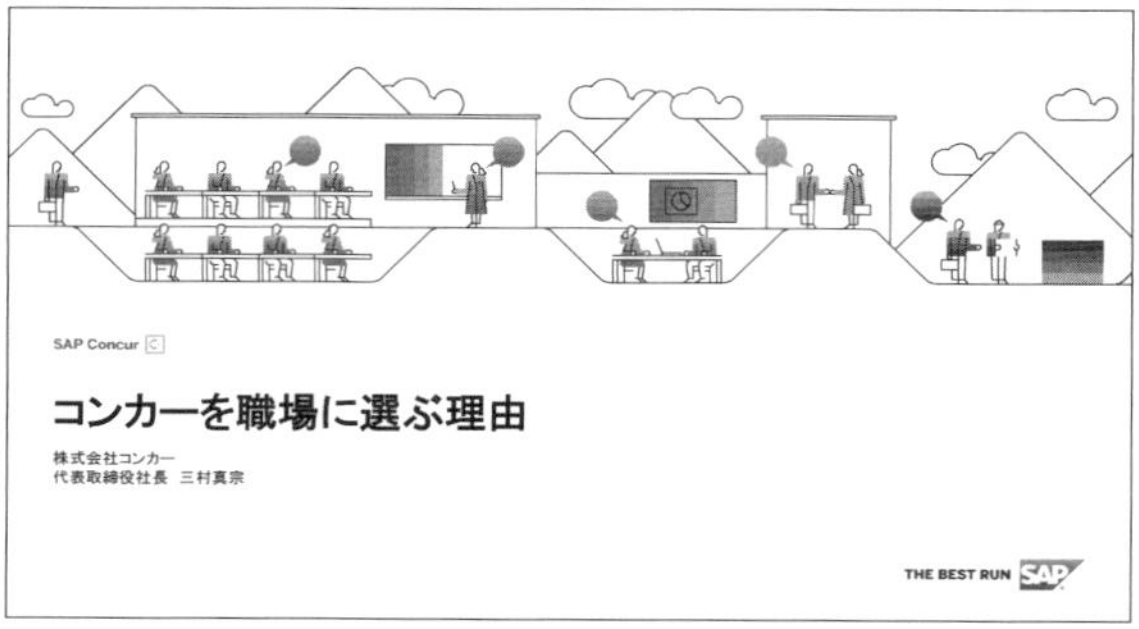
SAP Concur
コンカーを職場に選ぶ理由
株式会社コンカー
代表取締役社長 三村真宗
THE BEST RUN SAP

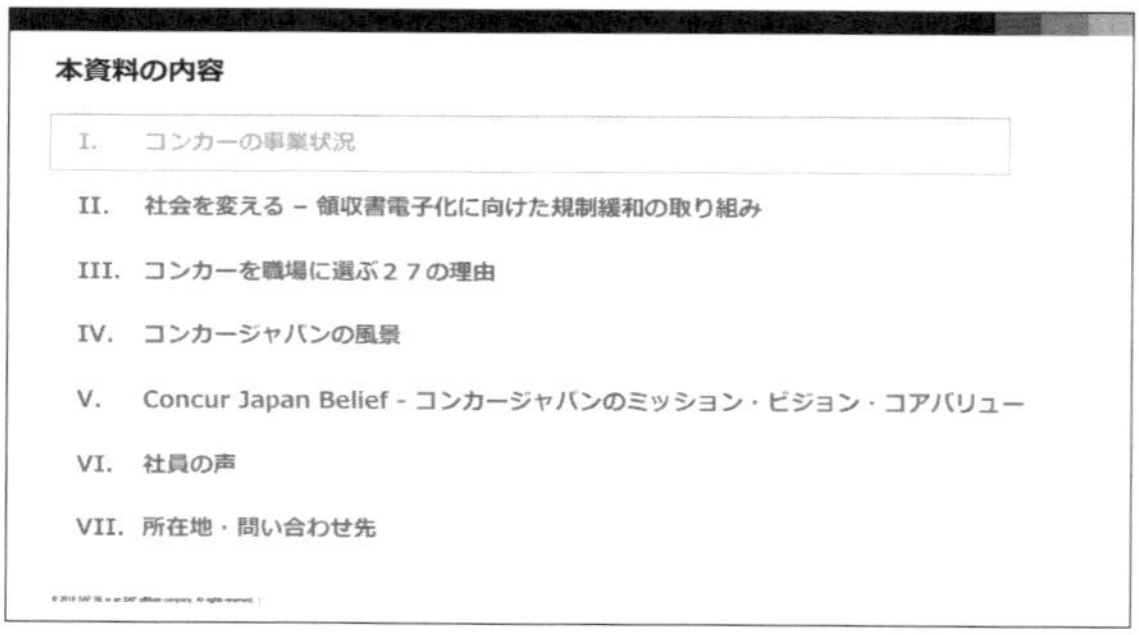
本資料の内容
I. コンカーの事業状況
II. 社会を変える – 領収書電子化に向けた規制緩和の取り組み
III. コンカーを職場に選ぶ２７の理由
IV. コンカージャパンの風景
V. Concur Japan Belief - コンカージャパンのミッション・ビジョン・コアバリュー
VI. 社員の声
VII. 所在地・問い合わせ先

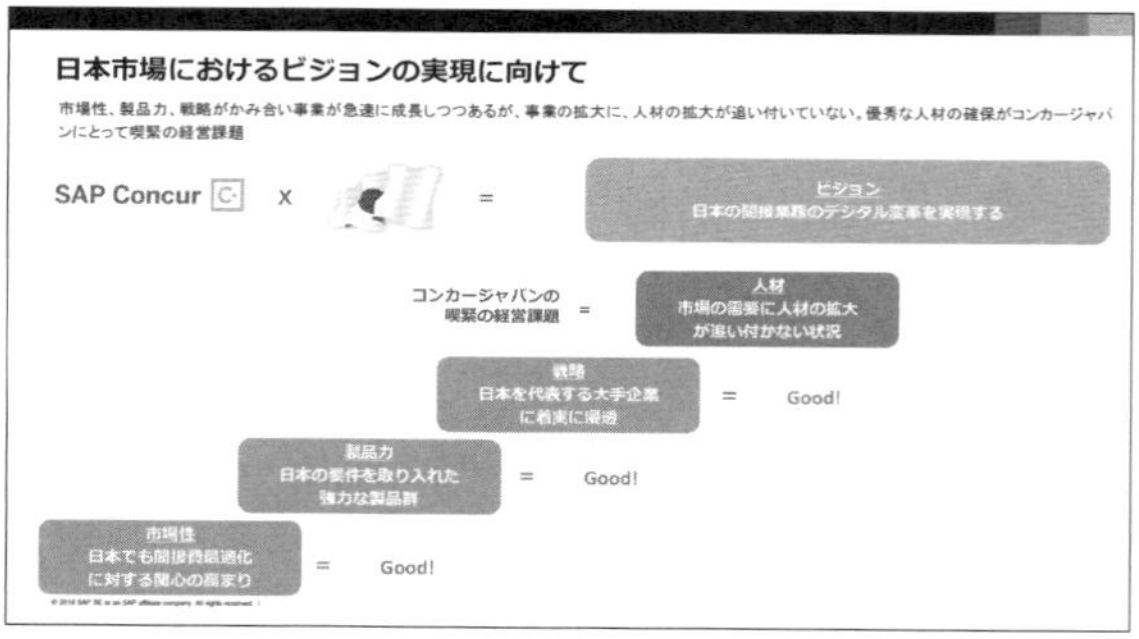
日本市場におけるビジョンの実現に向けて
市場性、製品力、戦略がかみ合い事業が急速に成長しつつあるが、事業の拡大に、人材の拡大が追い付いていない。優秀な人材の確保がコンカージャパンにとって喫緊の経営課題
SAP Concur
x
=
ビジョン
日本の間接業務のデジタル変革を実現する
コンカージャパンの
喫緊の経営課題
=
人材
市場の需要に人材の拡大
が追い付かない状況
戦略
日本を代表する大手企業
に着実に浸透
= Good!
製品力
日本の要件を取り入れた
強力な製品群
= Good!
市場性
日本でも間接費最適化
に対する関心の高まり
= Good!

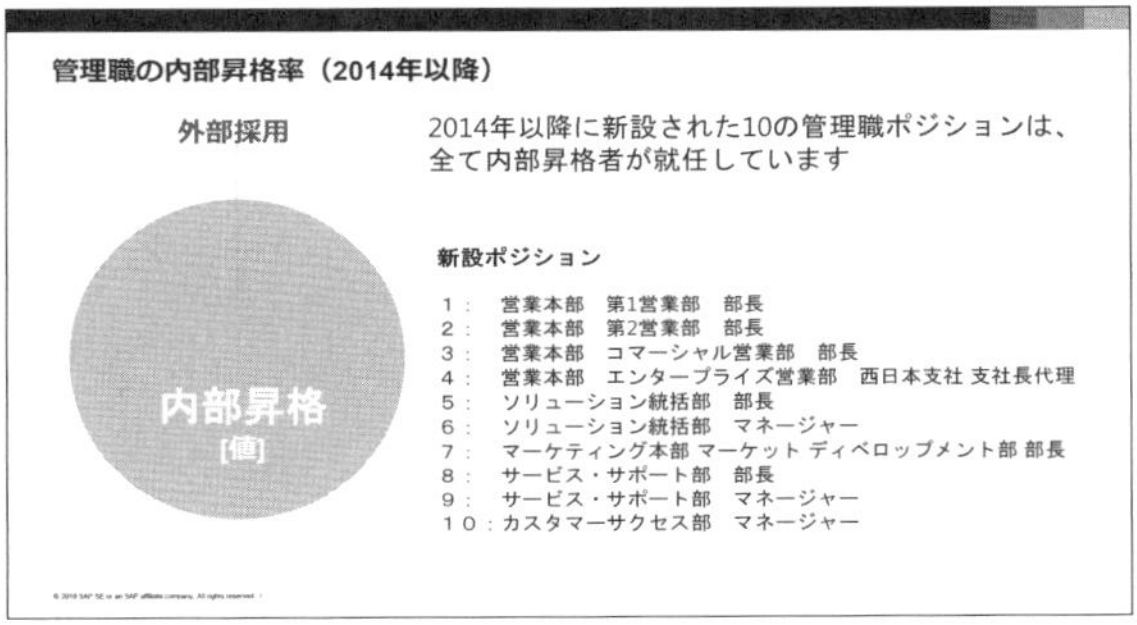

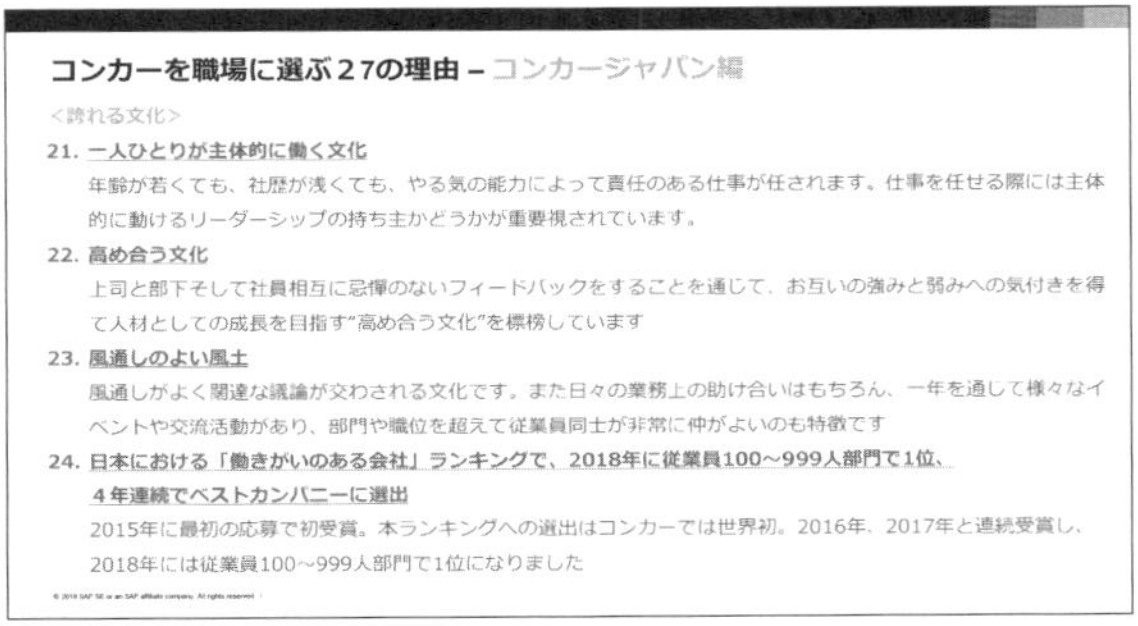

コンカーを職場に選ぶ理由

むしろ居心地がよくありません。そんなことも、この資料に目を通せば面接の前に見極めることができるのです。

他社でこのやり方を参考にしてくださる企業が出てきています。日本交通の会長であり、コンカーのパートナー企業であるＪａｐａｎＴａｘｉの社長、川鍋一朗氏と採用のノウハウについて意見交換をした際、この「職場に選ぶ理由」アプローチをお勧めしたところ、さっそく実践され、今では「ＪａｐａｎＴａｘｉを職場に選ぶ理由」という資料がネット上で公開されています。ほかの企業でも参考にしていただきたいと思います。

文化に合うかを判断するために「社長が必ず最終面接」をする

「仕事ができる」だけでは絶対に採用しない

「だれをバスに乗せるか」が会社では極めて重要になるわけですが、最終的にそれを決めるのは、社長である私だと思っています。ですから、採用面接では最終的に私が必ず入ります。人柄や人間性を中心に見ますが、少しでも違和感を持ったら採用しません。

コンカーの文化に合わない人に忍び込まれると、会社は大変なことになる。私自身、創業期に「この職種を今採らないといけない」と妥協して採ってしまったために、ほんの少ない人数であったにもかかわらず、後にトラブルが起きました。そうならないためには、入口で防がなければいけません。実際、外資系では、スキルだけで採用してしまい、なんのまとまりもない傭兵の寄せ集めみたいな会社になってしまうケースもあります。ですから、文化に適合するかは、本当に重視しなければなりません。

各職種に必要なスキルや業務経験は、すでに現場のマネージャーや本部長による面接など、前段階で確認が終わっています。ですので、スキルや業務経験に、私は関知しません。何より、「社風に合うか」をスクリーニングするところに、面接のウエイトを置いています。

100人を超える会社や部門になると、トップではなくミドルマネージャークラスで面接を終えてしまうこともあるでしょう。社長や部門のトップ自らが最終面接をしない。しかし、「それでどうやって最後のスクリーニングをしているのか？」と心配してしまいます。コンカーは全員、必ず私が見ます。

「ちょっと違うな」と思ったら、過去の実績がいくらあっても採用しません。一般的に、他社では社長面接で落ちることがあまりないようですが、私はどんどん落としていきます。

逆に、実績は物足りなくても、ポテンシャルがあって、「この人といっしょに働きたい」「文化にとても合う」と適合性を感じたら、現在のスキルや業務経験が多少物足りなくても積極的に採用します。

「ソフトスキル」は履歴書には書かれていないから、感性で見るしかない

わかりやすくいえば、「仕事ができるか」と「社風が合うか」の4象限で考えるといいかもしれません。「仕事ができる」が縦軸、「社風に合う」が横軸です（次ページの図を参照）。ベストなのは、「仕事ができて社風が合う」右上の象限の人材。逆に、絶対に採用してはならないのは、「仕事ができないし社風にも合わない」左下の象限の人材。悩ましいのは、「仕事はできるが社風には合わない」左上の象限の人材と、「仕事はできないが社風には合う」右下の象限の人材をどうするか、です。

私は右下の象限の人材は検討しますが、左上の象限の人材は絶対に採りません。スキルや業務経験は後からでも伸ばせますが、社風に合う合わないは変わることが困難だからです。

そして、そこを見極めるのは、最後の私の判断だと考えています。経歴や英語力などの「ハードスキル」は履歴書に書かれていますが、そうでない「ソフトスキル」もあるわけです。それは、履歴書には書かれていない。感性で見るしかない。とても難しいことですが、その見極めこそ、リーダーの重要な仕事だと思っています。

ありがたいことに、コンカーに入ってきた人が口をそろえて言うのが、「前向きでいい

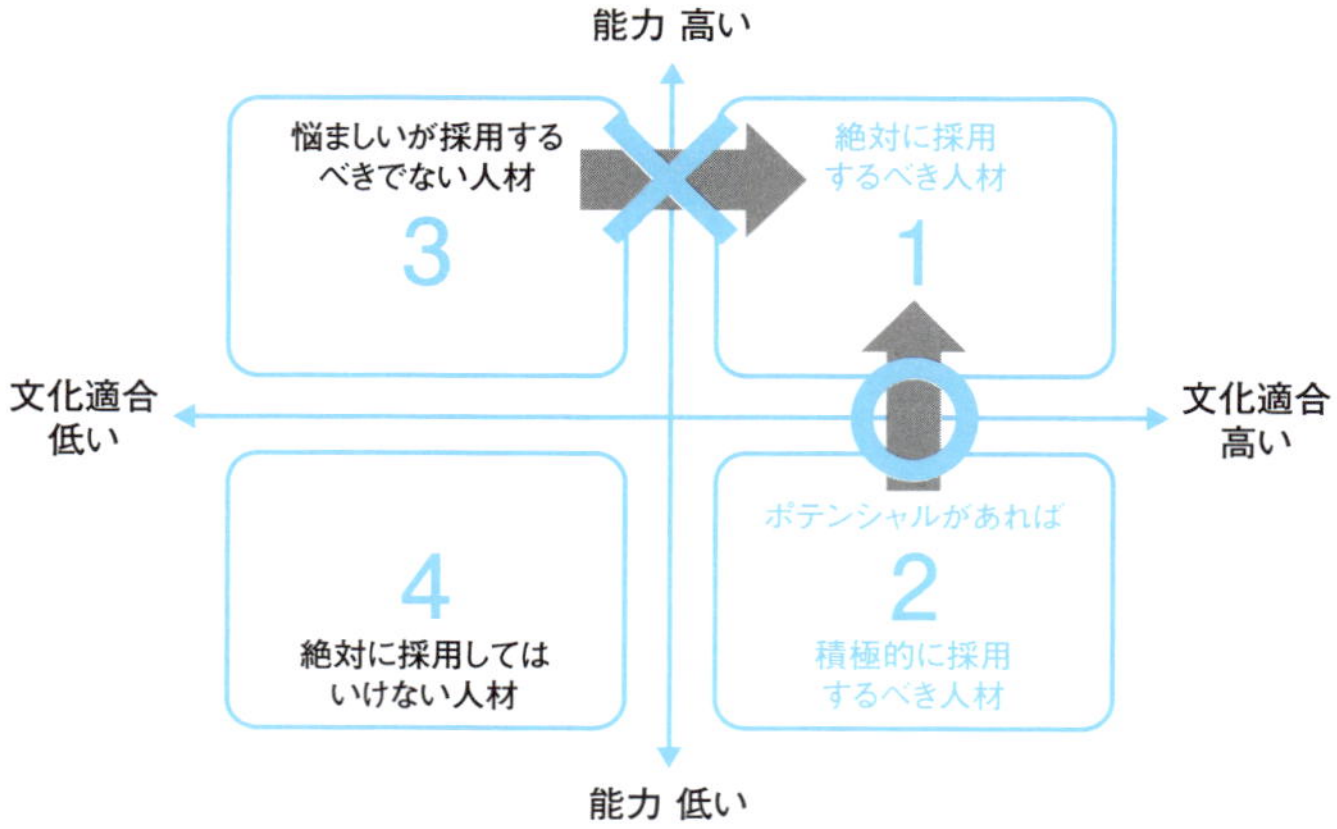

だれを優先すべきか:2と3に位置する2人の候補者がいたら、育成を視野に入れて2の人材を優先するべき。スキルは伸ばせるが、文化適合度は後から変えることが非常に困難

人ばかりでびっくりした」という声です。感化されてそうなった部分もありますが、じつのところは、そういう人を採用しているからなのです。

社員からの紹介を歓迎「紹介インセンティブ制度」

なぜ、社員にインセンティブを与えても紹介が増えなかったのか

採用活動ではもう1つ、「社員からコンカーにふさわしい知人や友人を紹介してもらう」という方法があります。多くの会社にこうした社員による紹介制度があり、紹介した社員には会社からインセンティブがもらえる仕組みになっていますが、コンカーではもう一歩踏み込んだ制度にしています。紹介をしてくれた社員のみならず、紹介を受けて入社した社員にも、インセンティブがもらえるようにしているのです。紹介する社員も、紹介された社員も、優秀な人材に出会えた会社も、「三方両得」の制度です。

もともとコンカーも、多くの企業がおこなっている紹介制度を運用していました。「社員が紹介してくれたら、インセンティブがもらえる」という制度です。しかし、実際には

あまり応募数が増えませんでした。それこそ社長の私は、かつていっしょに仕事をしていた人で、「この人はコンカーに合う」と思った人に積極的に声をかけていたので、どうしてもっと紹介してくれないのか、不思議で仕方がありませんでした。

そこで、少し社員に聞いてみると、意外なことがわかりました。やはり会社を紹介するというのは、相手の人生を大きく左右するようなことにもなるわけです。そうなると、そうかんたんには声をかけにくい、というのです。

しかも、紹介することによって、自分はインセンティブがもらえてしまう。「なんだか、自分がお金をもらうために紹介する」みたいな気持ちになってしまいかねない、というのです。

たしかに、その視点はあまりよくない、と私は思いました。そこで、その躊躇をやわらげるために、紹介を受けて入社した人にもインセンティブが入ってくるようにしよう、と考えたのです。

「会社に合う人」を社員がよくわかっているから、採用確率が高くなる

インセンティブは、それなりに大きなお金です。紹介をした社員にも、紹介されて入社した社員にも、一定額のインセンティブが支給されます。

インセンティブのコスト負担は大丈夫なのかと思われるかもしれませんが、採用エージェントを使うことを考えれば、断然、こちらのほうがコストパフォーマンスはいいのです。しかし、社員の紹介だからといって、採用に手心が加えられるのかというと、そんなことはありません。社員が必ずしも優れた人を連れてくるとは限らないからです。ですから、残念ながら採用に至らないケースも少なくありません。

ただ、採用エージェントから紹介を受けて採用するケースよりも、採用確率は断然、高くなります。それはやはり、コンカーに合うのはどんな人材なのかを社員がよくわかっているからです。

一方で、「社員が紹介したい人に、必ずしも転職の意向があるわけではない」というケースもあり、もっとカジュアルな情報交換という位置づけで面談をする場合もあります。「コンカーにものすごく合いそう」という人がいれば、コンカーの採用担当の社員が履歴書などなしで、カフェで会ったり、軽く食事をしたりする。ここで相手が興味を持ってくれれば、採用のプロセスに進んでいく。そういうことも少なくありません。

いずれにしても、社員からの紹介は貴重な採用戦略の1つになります。これからも、積極的に取り組んでいきます。

新しい社員を定期的にサポートする「フォローアップアクティビティ」

3カ月、6カ月、1年という目安のタイミングで、「困っていることはないか?」とヒアリング

どんな人でも、新しく会社に入るときには、不安もあるし、心配もあるものです。慣れるまでには、気になることもいろいろ起こるかもしれない。それを放置してしまうと、「せっかく採用したのに、早々に辞めてしまう」などということが起きかねません。

そこでコンカーでは、中途であれ新卒であれ、人事による入社後のサポートを取り入れています。これを「フォローアップアクティビティ」と呼んでいます。3カ月、6カ月、1年という目安のタイミングで、人事の専任スタッフが声をかけて、「何か困っていることはないか?」「まわりの人との人間関係はうまくいっているか?」「問題を抱えていないか?」などをヒアリングしていくのです。

担当する人事のスタッフは、プロのカウンセラーというわけではありませんが、フォローアップアクティビティを担うにふさわしい、物腰柔らかな女性です。彼女がアポイントを取り、30分から1時間、仕事への満足度、会社への満足度、上司への満足度などについてヒアリングをおこないます。

直属の上長に、必ずしも社員の気持ちがわかるわけではありません。時に、上長とうまくいかないこともあるからです。そうなると、問題を抱えている人の本音を聞き出す手段がなかなかない。とりわけ新しく入った社員の場合は、困ったことがあると、あっさり退職の道を選んでしまう可能性もある。それでは、あまりにもったいない。

しかも、何が原因で退職に至ったのかは、潜在化してしまいかねません。本当の問題点が解決されないままになってしまう危険もあるのです。

そこで、時期を決めて、フォローアップのインタビューを実施することにしたのです。心を開いて、語ってもらう。入ったばかりの社員からすれば、こうしたフォローアップの仕組みは、一種の安心感につながっていくのです。

問題を察知できないと、だいたい部下が辞めてしまい、組織の課題にも気づけない

このときのレポートから、時に大きな問題点が見つかることがあります。たとえば、上

司のマネジメントの問題。しかし、直接、上司に内容をぶつけることはしません。それでは、新しく入った人のフォローアップアクティビティの内容が筒抜けになってしまいます。本人と上司の関係を悪化させる事態だけは絶対に避けなければなりません。問題を見つけても、動きには慎重さが求められます。上司の上司としっかりと、かつ慎重に対応策を検討します。

実際のところ、先にも触れたように、やはり上司と部下というのは相性があります。どうがんばっても、相性が合わないこともある。そういう場合には、思い切って異動を考えたほうがいい。もちろん、状況をしっかり把握しますが、過去の経験から「これはもう修復不可能だ」ということがわかれば、そのほうが双方にとっていいのです。

ところが、問題が起こっているのに関係を放置していると、だいたいにおいて、辞めてしまうのは部下のほうです。結果として、人材の流出、逸失になる。そうならないよう、会社としてステップインして、対策を講じるべきなのです。

こういうことに気づくためにも、フォローアップアクティビティには意味があると考えています。実際、これによって救えた社員はたくさんいます。察知の手段がなければ、手遅れになってしまう。やはり、タイムリーに察知することが大事なのです。

名札で、ランチで「新たな社員を歓迎する仕組み」

「ジョイン・アス制度」で、ようこそ

新しい社員へは、ほかにもいろいろなフォロー体制を作っています。先に、コミュニケーションタスクフォースによる「モニターに新しく入った社員の顔と名前、プロフィールを流していく」という取り組みもご紹介しましたが、新しい社員はやはり不安も多いもの。いろんな心遣いをするようにしています。

たとえば、固定席ではないフリーアドレスの職種の場合、社員は最初にどこに座ったらいいいか、わかりません。そこで、最初の1週間は固定席にして、パソコンのモニターに貼り付ける名札（A4の紙を三つ折りにしただけのものですが）を作っています。名札には、季節の絵柄を入れたり、「ようこそ、〇〇さん！」といったメッセージを入れたりします。そ

うすることで、「あ、この人は今月、入ってきたんだな」ということが、まわりの社員からもわかります。声もかけやすくなります。PCの設定など、わからないことも、社員が手伝ってくれたりします。

フリーアドレスの場合、じつは座る場所に戸惑う人は少なくないのです。とりあえず、慣れるまで1週間、席が決まっているだけでも、安心できるようです。

また、同じ月に入った社員がいれば、新しい社員同士、隣同士に座ることでコミュニケーションを交わせるようにもしています。こうしたちょっとしたことでも、会社に対する社員の印象というのは、大きく変わると思っています。

こうした一連の新入社員向けの取り組みを、社内では「ジョイン・アス制度」と呼んでいます。

社長と新入社員の交流を「ウェルカムランチ」として仕組み化する

新しく入った社員と社長である私自身が交流を図る「ウェルカムランチ」という制度もあります。みんなで自己紹介をしてもらい、「事前のコンカーのイメージとギャップがあったか」といった雑談に始まって、最後は私からメッセージを伝えています。

社員数が増えていくと、古くからいる社員が「最近、知らない人が増えた」とか「人が増えたのでコミュニケーションが悪くなった」とこぼすようになります。新しい社員には「そんなふうに言われるのは悔しくありませんか。そんなことを言わせないよう、新入社員のみなさんから積極的に交流活動に飛び込んでいってください」と強調しています。このメッセージが効いているのか、タスクフォースで新しいメンバーの募集があると、社歴の浅い社員が積極的に手を挙げてくれているようです。

ウェルカムランチに関していえば、入社早々のタイミングで「社長とランチをした」というのは、鮮烈な印象になるようです。これがあるかないかで、新しい社員とのその後の関係性がまったく変わってきます。実際、「あのとき、気さくに話をしましたよね」という空気が作れる。会議室などではなく、ランチであることもポイントです。そうすることで、コミュニケーションのハードルは一気に下がります。

第7章

人材開発

長期の視点でキャリアを作ってもらう
制度を作る

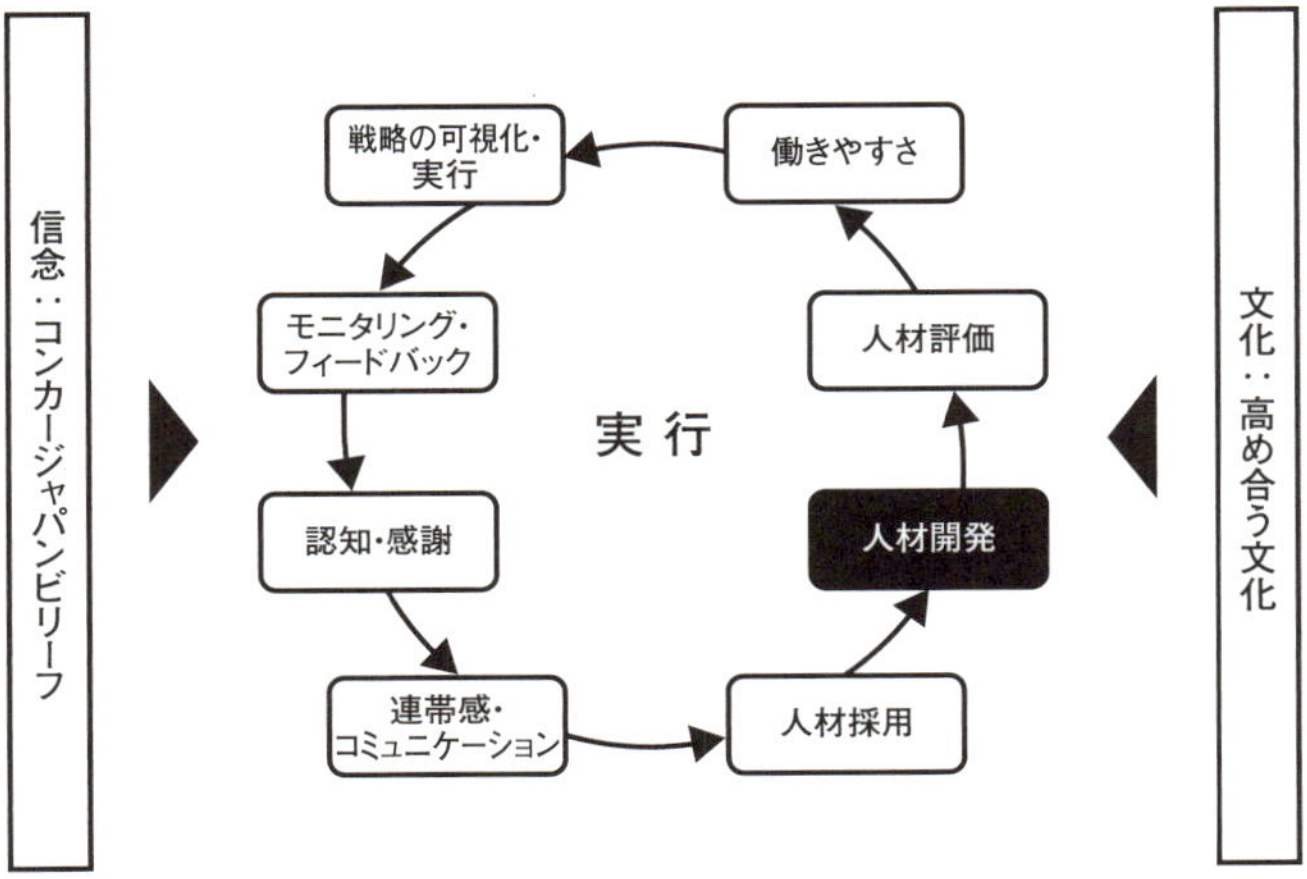

「会社全体として教育をバックアップしてくれますし、
わからないことは教え合って
お互い成長しあえるのがうれしいです」

年初に考える「目標シート」で育成を促す

「長期の目標を持つように」と言っても、バラツキとムラが出てしまう

コンカーの人事制度は、評価の仕組み、ジョブグレードなど、「社員を育成する」という視点に基づいて設計しています（くわしくは第8章で解説）。そのベースとなるのが、毎年、年初に全社員が提出を義務付けられている「目標シート」です。

まずは、年間の目標設定。これは、業務における自分の目標で、計測可能なものを中心に、直属の上司との1on1ミーティングによって最終決定します。これによってボーナスを決めたり、昇給を決めたりするので、年間の目標は必須です。1年の途中で中間レビューをおこなって、目標の調整をしていきますが、これが最終的に人事評価のベースになります。

おそらく、ここまでやっている会社はどこにでもあり、当たり前のことかもしれません。ただ、もちろん単年度の話も重要ですが、「もっと長期的なことを会社がわかってくれていることが、社員にとっては極めて重要なことなのではないか」と私は考えていました。それが仮に数年後に実現できなかったとしても、会社にそれを伝え、会社がその想いを理解し、それをベースにアサインメントをひと工夫、配慮してくれるのは、とてもうれしいことだと思ったのです。

しかし、そうした長期の目標は、マネージャーと社員に持つように言っても、どうしてもバラツキとムラが出てしまいます。そこでコンカーでは、思い切って、全員が長期の目標設定を必ずおこなうよう、仕組み化することにしました。

なぜ、「3年後」ではなく「4年後」なのか

目標シートには1年間の目標設定だけでなく「4年後」「10年後」を記載することで、長期的なキャリアを本人と上司がいっしょに考える機会になっています。

そして、その実現に向けて今年すべきことを考えます。これらを通じて、上司は、部下のキャリア志向を理解し、仕事のアサインメントと日々の育成をおこなっていきます。

「4年」という時間軸の設定が、なんとも不思議かもしれません。普通は「3年」が区

切りとしても一般的です。しかし、私が思ったのは、3年だと、立てたときは3年後ですが、1年後に評価するときには、もう2年後になってしまっているのです。2年後となると、3年後よりも圧倒的にすぐそばのイメージがあり、できるかできないかが如実に見え始めてしまうので、ちょっと生々しすぎると思いました。4年後であれば、1年経っても、まだ3年後です。少し先の印象があって、「やれるかやれないか、まだ見えていないけれど、その目標に向かってがんばれる」という感覚を持ちながら、社員には中期の目標に向かって歩んでいってほしいと考えたのです。

目標を置くことで、逆算して何をやればいいのかがはっきりしてくる

目標シートは、ざっくりでも、基本的にすべて埋めなければいけない仕組みにしています。「1年の目標は書けても、正直、4年後、10年後がなかなか埋められない」という人も少なくありません。しかし、これを考えるのは、とても大事なことです。

私自身、マッキンゼーにいた頃、印象的な出来事がありました。当時の日本支社のトップは、エアン・ショーというカンボジア出身の人で、難民としてカンボジアを脱出してフランスにわたり、そこから皿洗いや農業の手伝いなどをしながら苦労してＭＢＡを取得。マッキンゼーに入社して結果を出し続け、２００６年にマッキンゼーの日本支社のトップ

に着任した経歴の人物です。私が出席した新入社員向けの彼のスピーチで、人生をプランニングすることの大切さを教わりました。彼は非常に厳しい環境に置かれながら、人生計画を立て、「何歳のときに、何をやっている」ということを、しっかりプランニングしていたそうです。どんなスキルをどのように伸ばしていくか、どんな仕事のどのような役職に就いていたいのか、それらをすべて自分でデザインして、それに基づいて努力してきたのだ、と。

私は彼の話を受け入れて、私自身のこれからのキャリアのプランニングシートを作ってみました。英語力やリーダーシップ、論理思考力といった軸を作り、自分の年齢と組み合わせて、「ひとまずは、40代の前半で会社を率いる経営者になれたら」という目標を立てました。それは後に、そのまま実現することになります。

それまでの私は、とにかく必死に目の前の仕事に取り組んでいましたが、振り返ることもせずただがむしゃらに走るばかりで、何か中期的な目標を置く習慣がありませんでした。しかし、こうして紙に落としてプランニングしてみると、「目標を置くことで、逆算すれば、今、なにをしなければならないかがはっきりしてくる」ということがわかるようになり、大きな目標に向かって自分のスキルの伸ばしどころを意識できると同時に、漫然とやっていては中長期的な目標も叶わないという、いい意味での焦燥感を得ることができました。

大きな目標や夢は大事、でも機会を仕組みとして作ってないと考えることもしない

じつはかつてのコンカーには、目標設定の際に「スキル育成プラン」という呼び方で、「今年はこのトレーニングを受ける」「このスキルを身につける」といった計画を目標シートに書く欄がありました。それは、本社が作った目標シートに基づいたものでした。

しかし、私はふと思いました。「これは、手段しか書かれていないじゃないか」と。ただ、「本来業務以外に、どんなスキルを伸ばしたいか、どんな勉強がしたいか」という項目しかありませんでした。それは、あくまでも手段にすぎません。問われるべきは、「それを使って何をしたいのか？」「その先にはどんなキャリアを描きたいのか？」という目標や目的であるべきだと思ったのでした。

それ以前にも、会社の課題として社員の声を集めると、時々「会社にキャリアプランを描いてほしい」という声が寄せられることがありました。年功序列で金太郎飴式なキャリアを描くことができた高度成長期の日本企業ではいざしらず、外資系では、さまざまなバックグラウンドを持った社員が、自分の意思で自分のキャリアを描いていくべきものだと考えています。だからこそ、社員にも「4年後」「10年後」という枠組みを提供することで、自分自身でしっかりと将来なにをしたいのか、その目標をぜひ持ってもらいたいと

考えたのでした。どんなことでもいいのです。「マネージャーになる」でもいいし、「ワーキングマザーのロールモデルになる」でもいい。

一番大切なのは、考えるということです。そして、上司といっしょに話し合う。それは、必ず未来につながっていきます。一方、マネージャー向けには、キャリアアドバイスをするためのトレーニングも開催しました。コンカーのマネージャーは現場出身者がほとんどなので、腰を据えて自分のキャリアを考えた経験が少ない人も多いためです。自分のキャリアを深く考え、しっかりとデザインするスキルは、環境の変化が加速するこんにち、その必要性がこれからますます高まっていくはずです。

この取り組みの特徴は、「4年後」はコンカーに在籍している前提で、コンカーの中でどんなふうになりたいかという夢を語ってもらいますが、「10年後」に関しては、特にコンカーに在籍していることを前提としなくてもかまわない、完全にフリーハンドで考えてほしいと言っていることです。

それこそ、「将来どうなっていきたいですか」という話の中で、「10年後ともなると、どこかの会社の社長をやっていてもいいですね」なんて会話をすると、やはり相手の顔は輝きます。そういう大きな目標や夢が、大きなモチベーションエンジンになる。でも、それもこうした機会を仕組みとして作っていないと、考えることもしないわけです。

そして、上司としては、「4年後」「10年後」をいっしょに考えるということが、部下に親心として伝わっていくはずです。そうした時間をともにすることによって、「あ、この上司は自分のキャリアの方向性をしっかり理解してくれている」という感覚が生まれ、部下と上司の信頼関係を深めることにつながります。

スキルアップを支援する「教育制度」

四半期に一度、社内で開催する「ソフトスキル研修」

ファシリテーション、プレゼンテーション、問題解決、ネゴシエーション、資料作成など、各職種の専門業務に直接は関連しないが汎用的に使えるスキルを「ソフトスキル研修」と呼び、四半期に一度の頻度で開催しています。トレーナーにオフィスまで来てもらい、社内で研修を受けられます。強制ではなく、任意参加による集合研修の形ですが、毎年のべ80名ほどが参加しています。

この「ソフトスキル研修」も、スタートさせたのは創業から5年目のことでした。それまでの約4年、コンカーには教育制度というものが、ほとんどありませんでした。このことに気づかせてくれたのが、GPTWで教育のスコアがとても低かったことです。その結果を受けて、「教育制度を整備し直します」と宣言しました。ソフトスキル研修は基本的なスキルを学ぶものなので、特に若い社員には大変好評です。

社員に聞くと、5人くらいの小さなグループを作っておこなうような作業は、部門を超えた交流にもとてもいいとのことでした。まだ社歴の浅い社員にとっては、「ほかの部門の社員と話すいい機会になった」という思いがけない効能もあるようです。

仕事に直接つながらなくても、間接的に活きてくればいい

一般的な学びの場は会社で用意できますが、専門的なスキルになると、どうしても会社全体で企画するのは難しいものがあります。ですから、そうした専門スキルの研修機会は会社が与えるものではなく、個々の社員が自分自身の現在の仕事内容やキャリアの方向性、そこに存在するスキル上の問題意識をふまえて「自分で考えるべきもの」と位置づけました。ですので、こうした専門スキルの育成に対して会社が支給するのは、教育プログラムそのものではなく、個々の社員が自分の仕事にマッチした専門スキルの研修を自分で探してもらい、その受講費用を金銭的に補助する制度にしたのです。

このような思いで作ったのが「教育給付金制度」です。業務に関係するものであれば、年間20万円を上限として、受講料の7割を会社が負担します。何かしら業務に関係があれ

ば、どんなトレーニングでもかまいません。会社が求めるのは、修了証だけです。

たとえば、管理系の社員であれば人事系のコースや法務のコース、マーケティングであれば「マーケティングツールをどう使うか」というコース、エンジニアであれば最新のプログラミング技術のコース。社会人向けのＭＢＡプログラムの単科コースに参加する社員もいます。「コンカーの仕事に直接つながらなくても、間接的に活きてくればいい」という判断をしています。支給の上限額である20万円はそれなりの金額なので、いろんな選択肢が出てきます。どんどん使ってもらえたら、と考えています。

COLUMN

社員が教え合う「教え合う文化ワークショップ」

CCO（チーフカルチャーオフィサー）の発案で始まったのが、「教え合う文化ワークショップ」です。これは、社員が自分の得意分野をほかの社員に教える勉強会。この取り組みはまだ新しく、本書を執筆している時点ではまだ数回が開催されただけですが、その第1回は私が講師となり「三村塾：プレゼンスキル向上講座」と題して開催したところ、社員の注目度も高く、参加者の数は社員の3分の2にあたる100名超を数えました。

第1回のテーマは、プレゼンの「構想編」。私自身の25年間のキャリアの中でプレゼンスキルをどのように磨いてきたか、その歴史を振り返りながら、プレゼン力を構成する要素、作成の流れ、基本となるロジカルシンキングなどを説明しました。今後、「作成編」、そして外部講師を招いての「発表編」と続く予定です。

あえて第1回の講師を引き受けたのは、まず自分がお手本を示すことが「教え合う文化」の浸透につながると考えたからです。通常業務のかたわら、おもに週末を使ってワークショップを準備するのは大変ではありましたが、出席者のアンケートでは次のような声が集まっており、準備に時間をかけた甲斐があったと感じています。

「プレゼン資料作成のテクニックではなく、構想を練るところ、絵コンテの作成など、プレゼンに至るまでの全体感を論じていただけたので、非常に参考になった」

「経営者、管理部門の方たちが社員を育てようという気持ちを持っていることを感じられる、素晴らしい機会だと思いました」

今後の開催予定では、多くの社員が自発的に手を挙げてくれています。ビデオ編集術講座、アカウントプラン作成講座といった少なからず業務に関連があるテーマから、投資知識講座、ふるさと納税講座など業務とはあまり関連のないテーマまで、おもしろそうなテーマが集まってきています。

三村塾

業務時間内に、会社に講師が来てくれる「英会話クラス」

「英語の勉強は業務の一環といってもいいのではないか？」

コンカーはアメリカに本社を置く外資系企業のため、業務上、英語が必要なシーンは少なくありません。また、今は英語を使っていなくても、将来的に英語力を身につけていたほうが、社員にとってはキャリア上の選択肢が広がります。そのために、英会話のトレーニングコースを充実させることを考えました。

会社が社員の英会話力アップをサポートしているケースは少なくありません。いろいろ調べましたが、「業務が終わった後に、あるいは業務開始前の早朝に、英会話スクールに通ってもいい。費用負担もする」という会社が多いことがわかりました。

コンカーでは「英語の勉強は業務の一環といってもいいのではないか？」と考え、英語研修は、早朝や夜ではなく、業務時間内に受けられる制度を作ることにしました。しかも、英会話スクールの授業を受けやすいよう、学校に行って受けるのではなく、就業時間中に英会話の先生にオフィスに来てもらってクラスを開いてもらうことにしました。業務時間内に先生が会社の会議室で待っていて、申し込んだ社員が集まり、英会話の講義が受けられます。社員は堂々と、業務の一環として英会話スクールを受講できるのです。

春と秋、年2回のタイミングで参加者を募り、半年で12回のコースになります。毎週水曜日で、1回40分。先生は1日社内にいて複数クラスを手がけますが、受講する側は時間がしっかり決められますから、予定も調整しやすいようです。1クラスは6名。もちろん会社が費用を負担して、希望者は全員参加可能です。レベルの高い社員向けには、英語でビジネスについてディベートするクラスなども提供しています。こうした英会話クラスには、毎年、のべ100人の社員が参加しています。

先生を呼んでも、費用はたいして変わらない

創業期には、候補者の英語力はかなりハイレベルなものを求めていました。人数が少なかったため、充分な役割分担をすることができず、全員が本社と何らかのかたちで英語でやりとりする機会があったからです。私が候補者に対して英語インタビューをおこなって

一般的 ⟷ 専門的

英語スキル	コンカー文庫 リスニング教材 多読用 Book 多聴用 CD	全社 TOEIC 受験	ビジネス英会話	実践的英会話 （上級）	教育給付金制度 受講費の 7 割を 上限 20 万円まで
ビジネススキル	新卒社員研修	ソフトスキル研修	Sales Enablement 研修	マネージャー 研修	
コンカースキル	教え合う文化	新入社員オリエンテーション セキュリティトレーニング	契約書 / SFA・CRM トレーニング	Feedback トレーニング	製品関連 トレーニング

コンカーの教育制度：英語スキル、ビジネススキル、コンカーならではのスキルと社員の育成を目的として、包括的な教育プログラムの拡充に努めている

いましたし、最初の20人くらいまでは、当時の私の上司、その後に米国本社の社長になった人間が英語でインタビューしていました。

今は組織が大きくなって、ある程度分業化が進み、英語スキルが必要な職種と、英語はほとんど使わない職種に分けることができるようになりました。たとえば、国内の大手企業担当営業だと英語はあまり使いませんから、採用時点で英語力を大きな判断材料にはしません。ただ、将来を考えておくと、英語力はつけておいたほうがいい。米国本社とやりとりをするようなことも増えていく可能性があるからです。

実際、営業職でも、「英語力を高めたい」という意欲は強いようです。顧客へのアカウントプラン（提案計画）を、あえて英語で作っている営業チームもあります。また、オンラインで学べる英会話を、社内の電話会議用のブースで、毎日地道に受けてい

る営業もちらほらいます。

コンカーの制度では、英会話の先生にオフィスに来てもらっていますが、通うのと比べて費用はそれほど大きく変わりません。受講する全社員の移動に要する時間コストや、移動が面倒くさいことによって欠席してしまう機会損失コストのほうがはるかに大きいと考えました。短絡的にコストが安いやり方を選ぶのではなく、トータルコストで考える。これもまた、賢いコストの使い方だと思っています。

COLUMN

40歳から1年間で英語をマスターした勉強法

余談になりますが、私自身、帰国子女でも海外に長期で留学していたわけでもないので、英語はそれほど流暢とはいえませんが、外資系の社長として本社と意思疎通するのには不自由しないレベルにはあると思います。

英語は、基本的に独学で勉強しました。特に転機となったのが、コンカーに入社する前、電気自動車のインフラの事業をしていた時です。経産省との共同実証実験の推進を、本社のある米国西海岸と、研究所のあるイスラエルとの間に立ってやりとりしましたが、英語によるスピーディで高い精度のコミュニケーションが求められ、英語力を磨き直す必要性を痛感させられました。そこで、40歳で一念発起して、英語を徹底的に勉強しようと考えたのです。目指すは、英検1級の合格と、TOEIC満点。

英語の勉強というと、多くの人が英会話スクールに行きがちですが、私が優先したのはリスニングとライティング。スピーキングは、ある程度適当でも、なんとか伝わります。

一方で、リスニングができないと相手とのコミュニケーションが始まりませんし、ビジネス文書のライティングがきちんとしていないと、メールや文書でコミュニケーションした相手から信頼を得ることができません。

結果ですが、勉強の成果で、英検1級に合格。これは、英語力の高い社員がそろうコンカーの中でも私だけのようで、少しだけ自慢です。また、TOEICは700点代だったものが、満点は達成できなかったものの945点になりました。では、何をしたのかというと、単純です。1年間、とにかく嫌というほど勉強したのです。ただ単なる勉強と異なったのは、勉強の効率を徹底的に考え抜いて取り組んだことです。

まずはじめにやったのは、「勉強法の勉強」でした。世の中には、英語の勉強法がたくさんあります。それを徹底的に読み込んで、自分なりのやり方を確立させました。たとえば、ライティングを伸ばすには文法力と短文作文力、リスニングを伸ばすには1つひとつの単語の発音の確認に加え、自分自身のアクセントのチェック、といったように、英語で必要とされるスキルを要素に分解し、それぞれに自分のやり方を決めて徹底的に実行しました。

まず取り組んだのが単語の発音の確認。apple、bookといった初歩的な単語から始まる合計2時間程度のCDコンテンツを100回、「声に出しながら、繰り返し聴くべし」と参考書に書いてあったので愚直に聴きました。通勤時間はもちろん、朝は5時に起きて、英単語の発音のコンテンツを聞きながら、ウォーキングしていた時期もありました。ぶつぶつとつぶやきながら歩いていたので、すれ違う人にはきっと奇妙に映ったことでしょう(笑)。こうして、単語および単語を構成する発音記号と実際の音をつなげる回路を頭の中に作り上げることができました。

それから、多読です。多読用にレベル分けされた薄いテキストを何十冊も買って、とにかく読み続けました。多読の勉強法の本には、「英単語を１００万語読め」というアドバイスがありました。そうすれば、日本語のように読めるようになるから、と。私は40万語で切り上げてしまいましたが、ずいぶん早く読めるようになった効果はもちろん、英語で文書を書いている際に英語の文章特有のリズムやトーンが自分自身の中にストックされていくのを実感することができました。本当に英語漬けの毎日だったので、数カ月ぶりに大好きな司馬遼太郎の小説を読んだ時のうれしさは、今もよく覚えています。

英会話スクールには行きませんでしたが、発音に関しては、発音専門の学校に通いました。発音は、人にチェックしてもらわないと正しいかどうか自分では判断できないため、独学はあきらめたのです。その学校は、英語で外国人と会話するのではなく、日本人の先生を相手に「ｔｈ」のような日本語にない発音や、英語特有の文章のリズム、イントネーションを声に出して集中的に学ぶところです。日本語よりも英語のほうが音の数が圧倒的に多く、母音だけでも日本語はアイウエオの5音しかないのに、英語は30音近くもあります。また、中学・高校の英語の授業ではあまり教えられませんが、英語では、get outは〝ゲット アウト〟ではなく〝ゲラウ〟のように音と音がつながったり、消失したりします。これらを理解していないと、どうしても、いわゆるカタカナ英語になってしまい、正しい文章で話していても伝わらないケースがあります。それまでは正直、カタカナ発音をそれっぽく英語発音にしようとしていたのが、だいぶ矯正されました。また、自分で話せる音は耳にも入ってくるようになるので、リスニングにもいい効果があったと思います。

ライティングでは、英文法を徹底的に学び直しました。英語の文法はコンピュータのOSのようなものであり、また言語的には比較的シンプルですから、ルールさえある程度頭に入れてしまえば、それなりの質の文章を書けるようになります。多くのビジネスパーソンが、中学・高校で苦労してテスト勉強をした時のトラウマがあり、「英文法の勉強は楽しくないもの」と思っています。しかし、英語を書く時に、ルールもわからず、当てずっぽうで書いて、結果として「質の低い文書を書く人間」=「仕事の質に問題がある人間」と誤解されてしまうより、仕事で英語を使う機会があるビジネスパーソンならばしっかりと英文法を学び直すべきだと思います。私の場合には、『ロイヤル英文法』（旺文社）という分厚い文法書を、最初のページから1語残らず、受験生のように蛍光ペンを引きながら勉強し直しました。これによって、英文の精度が上がったのみならず、書くときに文法に迷わなくなったのでスピードも圧倒的に速くなるという効果も得られました。

単語は、ある種、英検1級の試験のために実務で必要とされている以上に勉強しました。英検1級では、実際には到底使われないであろうマニアックな単語の知識が問われます。たとえば、sagacious。これは「利口」「賢い」という意味ですが、実用的にはsmartで十分です。しかし、これも試験のためと割り切りました。単語勉強のスマートフォンアプリがあって、それを徹底的にやり込み、そのアプリにある英検1級レベルの単語はすべて暗記しました。ほとんどの単語は実用では使わないので試験のあと忘れてしまいましたが（笑）、それでも時々、英検1級の単語で記憶に残ったものを無意識に会話の中で使っていたためか、米国本社の社長から「ボキャブラリーがあるな」と言われたのはうれしかった出来事です。

英作文とスピーキングの両方に効果があったのが「瞬間英作文」という勉強方法です。これはさまざまな構文を含む短文の日本語を見て、瞬間的に頭の中で英作文を作り、それを口に出してみる、ということをひたすら何回も練習して口に定着させるという勉強方法です。構文の実際の使い方を勉強するのに役立つだけでなく、思考の内容を英語化する反応速度を上げるのに非常に効果がありました。本来は英語で思考して、英語でアウトプットできればいいのですが、一定の年齢に達してから英語を勉強する方にとっては英語で思考するのは困難です。このアプローチは英語を「型」で覚えてしまうという観点でとても効率がいいのです。「型」をたくさんストックできれば、あとは単語を入れ換えるだけで、かなり多様なコミュニケーションが可能になります。

私はトレーニングジムで筋トレをするのが好きなのですが、英語の勉強は筋トレと通じるものがあります。「いかに時間をかけ、回数をこなすか？」が重要なのです。ベンチプレスの1回1回は嘘をつきません。英語も、正しい勉強方法で、しっかりと時間を使って勉強することによって、必ず身につきます。「1日10分であなたも英語がペラペラに」とうたう教材の広告を時々目にしますが、英語の勉強に近道はありません。正しい勉強方法で、しっかりと時間を使う。そうすれば、使った時間は嘘をつかないのです。

3カ月を上限として取得可能「留学のための休職制度」

何かを認めるなら、特例ではなく、制度化して公平に

コンカーには、留学のための休職を3カ月を上限として取得できる制度があります。「留学のための休職制度」です。じつはこれは、ある社員からの相談があって生まれた制度でした。「英語にコンプレックスがあって、2～3カ月、海外で徹底的に英語を勉強してみたい。ついては、会社を休職することはできないか。無理だったら、会社を退職してでも留学したい」と、かなり強い意志を打ち明けてくれました。

しかし、当時、それを可能にする制度はありませんでした。休職というのは、会社が認めれば問題はないのですが、もし「会社が認めない」ということになって、それでも本人がどうしてもやりたいのであれば、制度上は退職しなければならない状況だったのです。

「英語を勉強したい」という意欲があるのは、とてもいいことです。しかも、その社員

はしっかり自分の仕事の状況を見極めていて、会社に迷惑をなるべくかけないようプロジェクトの合間をうまく使って留学したいと考えていたのです。

従来の制度を少し変えることでその望みは支援できると判断したのですが、「ならば、今後ほかの社員が勉強のために休職できるよう制度化しよう」と考えました。これは、私が、というよりも、管理部長のスタイルですが、特例をあまり好みません。「何かを認めるなら、できるだけ制度化する」というのが管理部長の考え方です。背景にあるのは、公平感です。「チャンスは、全員にある」という考え方です。

仕事の状況、上司の判断をふまえたうえで制度を利用

一方で、制度化すると、社員が同時に手を挙げたときに、業務に支障が出かねません。そこに迷いはありましたが、「そうであったとしても、しっかり公平感を作ることが大切だ」という管理部長の思いを尊重しました。

もちろん、全員が希望したからといって、すぐに、あるいは必ず行けるとは限りません。仕事の状況もありますし、上司の判断もある。それをふまえたうえで制度を利用することになります。「社員も、責任感のある人であればわかってくれる」という認識のもとで、制度化に踏み切りました。

休職する間は、もちろん給与は支払われませんが、社会保険料は会社にコストが発生します。企業によっては、こうしたコストを個人に請求する場合もあるようですが、コンカーでは会社で負担することにしました。

ちなみに、最初の制度利用者として海外に渡った社員は、帰国して会社に戻り、現在、ある部門のマネージャーとして活躍しています。英語にもすっかり自信をつけたようです。辞める覚悟も持って休職の相談をしてきた社員でしたが、海外で英語を学ぶくらいのことで、会社を辞める必要はありません。制度を作って、本当によかったと思っています。

上司に相談せずに異動希望が可能「インターナルジョブポスティング制度」

全社員が持てるように「異動においては全体最適が重要である」という認識を

社員が増え、また同時に社員の在籍年数が増えてきたことで、あるときオフサイトミーティングでこんな意見が出てきました。

「上司に相談しなくても異動できる、野球のフリーエージェント制のような仕組みがあったら」

「キャリアをもっとアップさせたい」「もっと能力の幅を広げたい」というとき、1つのオプションが社内での異動です。しかし、自分は希望していたとしても、上司にしてみれば、優秀であればあるほど、自分の部下を手放したくないものです。また、「直属の上司に異動を申し出る」というのは、ともすれば「あなたから離れたい」というメッセージでもあるわけですから、デリケートな問題を引き起こしかねません。「本当はその人のキャリアを考えたら、次のステップに進んだほうがいいかもしれない。なのに、その人を手放せない」そういうことも起こりえます。

そこで、社員が部門を異動したいと手を挙げたときに、自分の上司に相談しなくても話を進められるという制度を作ることにしたのです。これが、「インターナルジョブポスティング制度」です。この制度があることによって、いろいろなキャリアアップの選択肢が可能になると考えました。

じつは、この制度を使った社員はまだいません。というのも、上司と部下の間では、先に「目標シート」でも書きましたが、しっかり将来の方向性が共有されており、コンカーの社風からも、異動の希望があればみな遠慮なく上司と相談できているからです。1on1ミーティングも定期的におこなわれていますし、コミュニケーションランチもある。ざっくばらんにキャリアについて話ができる雰囲気を持っている上司が少なくありません。ただ、制度は作っておいたほうがいいと考えました。

むしろ、気をつけなければいけないのは、『異動においては全体最適が重要である』という認識を、上司も社員も持てるような会社でないといけない」ということでした。仮に「異動したい」と申し出たとしても、もしそれが会社の全体バランスを崩してしまうようなことになるのであれば、出すほうのマネージャーも、受け入れるほうのマネージャーも、もっといえば本人も、「もうちょっと待ってからにしよう」と考えられるか。そういうバランスを、会社として作れるか。それが全社で共有できていないと、優秀な社員を部門間で奪い合うようなことが起きてしまいかねない。それでは、組織はギクシャクしてしまいます。最初にSAPジャパンで事業本部を任された時、私自身も経験が浅くコミュニケーションの齟齬から、ある社員の私の部門への異動を異動元の部門の責任者が引き抜きのように誤解してしまい、かなりゴタゴタしたこともありました。

コンカーでは、部下と上司もそうですが、上司である部長や本部長同士も、普段から頻繁に会話を交わしています。そこで、「彼や彼女を受け入れると何が起こるか」ということを、きちんと考えられる土壌があります。仮に社員が「異動したい」と申し出たときにも、「もう1年、待ってもらえるかな」といったことがきちんと言える会社でありたいと思っています。

じつは組織については、最終的には私が常に全体を把握しています。組織図を、経営者である社長がいつもメンテナンスしているのです。

どの部門に何人が今、配属されているか。どこが強く、どこが弱い可能性があるのか。どの社員の負荷が高まっていて、どのような手当が必要か。すべてを見渡し、「ここが今弱いから、早めに増員しよう」「この社員は、ここで新しいチャレンジをしてもらったほうがいい」など、そのときどきの状況を考慮に入れながら考えています。

もちろん、組織を動かすときには、本部長と相談します。本部長たちとは１ｏｎ１ミーティングを定期的に持っており、そこで主要なアジェンダの１つとして、人事の議論がされます。組織図を本部長といっしょにじっくりと見ながら、社員１人ひとりのスキルやキャリアの方向性を考慮に入れて、「どうしようか」と考えています。

１ｏｎ１の前に「ディスカッショントピックス」をまとめておくと議論がぶれない

余談になりますが、この本部長との１ｏｎ１ミーティングでは、１つベストプラクティスがあります。それは、１ｏｎ１ミーティングの前日までに何を議論するか、「ディスカッショントピックス」と呼ばれるアジェンダをメールで送ってもらっていることです。

アジェンダは、数字の進捗の報告、採用状況、課題の共有などさまざまありますが、事前にアジェンダが整理されていないと、雑駁な雑談のようなミーティングになってしまいます。それでは、あまり意味がない。ところが、事前にディスカッショントピックスを挙げておいてもらうと、それに基づいてミーティングができます。しかも、本部長たちもミーティングに臨む前に論点を整理してくる。おかげで、30分のミーティングの質が明らかに変わりました。

この導入にはきっかけがあって、私自身がコンカーの米国本社の上司と1on1ミーティングをするときに、ディスカッショントピックスを事前にメールで必ず送っていたのです。7年間、毎週毎週それを欠かさずやってきました。背景にあったのは、英語力の問題でコミュニケーションの齟齬を起こさないようにするためです。「自分の英語力を補うためには、論点をしっかりとメールに落として、議論がぶれないようにしたほうがいい」と思ったのです。

論点はだいたい毎回5～6個ですが、私の場合にはその論点をブレイクダウンして、「この論点に関してはオプションのAとBがある。それぞれにはこういう意味合いがあって、私はBのほうがいいと思っている。ぜひ認めてほしい」と伝えるようにしています。

やってみてわかったことは、事前にしっかり準備ができるので、議論の流れを完全に掌握できることです。主導権を握りながら、自分の想定した方向に議論の流れを持っていくことができる。また、ディスカッションを通じて論点がぶれることもありませんし、あちこち話が飛んだりもしないので、判断も早くできるようになります。

さらにいいのは、ディスカッショントピックスをまとめるにあたって、自分が今、置かれている状況や上司と相談するべき内容をあらためて整理できることです。これがなければ、あえて整理の時間を作ることがなかなか難しくなる。事前にトピックスをまとめてメールで送るという習慣にしているからこそ、論点をしっかりと整理することができるのです。

「半年後の定期異動をめがけて、出す人と入れる人を人事部に報告してください」なんてことをやっていたら、本当に必要なタイミングを逃してしまいかねない

話が脱線したので、人事の話に戻ります。本部長とのコミュニケーションも含めて、組織をいつも考えている私ですが、人事異動については極めて柔軟です。もちろん、異動のタイミングは新年度が始まる毎年1月が中心になりますが、必要とあれば随時、異動をおこなっています。組織図を見ながら、機動的におこなうのです。さすがに数日は待ちますが、翌週から異動になるケースすらあります。

かつて勤務していたＳＡＰの主力商品はＥＲＰ。これはEnterprise Resource Planningの略称で、経営資源の最適化計画のことです。私は、人材をタイムリーに配置するマネジメントは、まさにＥＲＰだと思っています。システムという意味合いではなく、人材という最重要な経営資源の最適化計画です。

本当に必要なら、人材は随時、動かす。定期異動を待つ必要はありません。定期異動を待っているのは、「制度的に人事を進めてしまっている」ということだと私は考えています。全体を把握し、「ここをこう変えればうまくいく」ことが見えているなら、すぐに動

いたほうがいい。「半年後の定期異動をめがけて、出す人と入れる人を人事部に報告してください」なんてことをやっていたら、本当に必要なタイミングを逃してしまいかねません。

ちなみに、採用時にも最終面接は私がおこなうと書きましたが、面接時に異なる職種を推奨することもあります。たとえば「たまたま採用エージェントが紹介したのが営業職だったけれど、事業開発に向いている」と感じたら、面接の場で柔軟に提案してしまいます。

もちろん、最終的にはご本人の判断に委ねます。ただ、「このほうが力を発揮できると思う」「この部門の本部長と話してみませんか」という声に耳を傾けてくれる方は少なくありません。また、そういう採用をすると、やはりしっかり活躍する傾向があるのです。

第8章

人材評価

納得感を最大化し、目立たない努力に目を配る

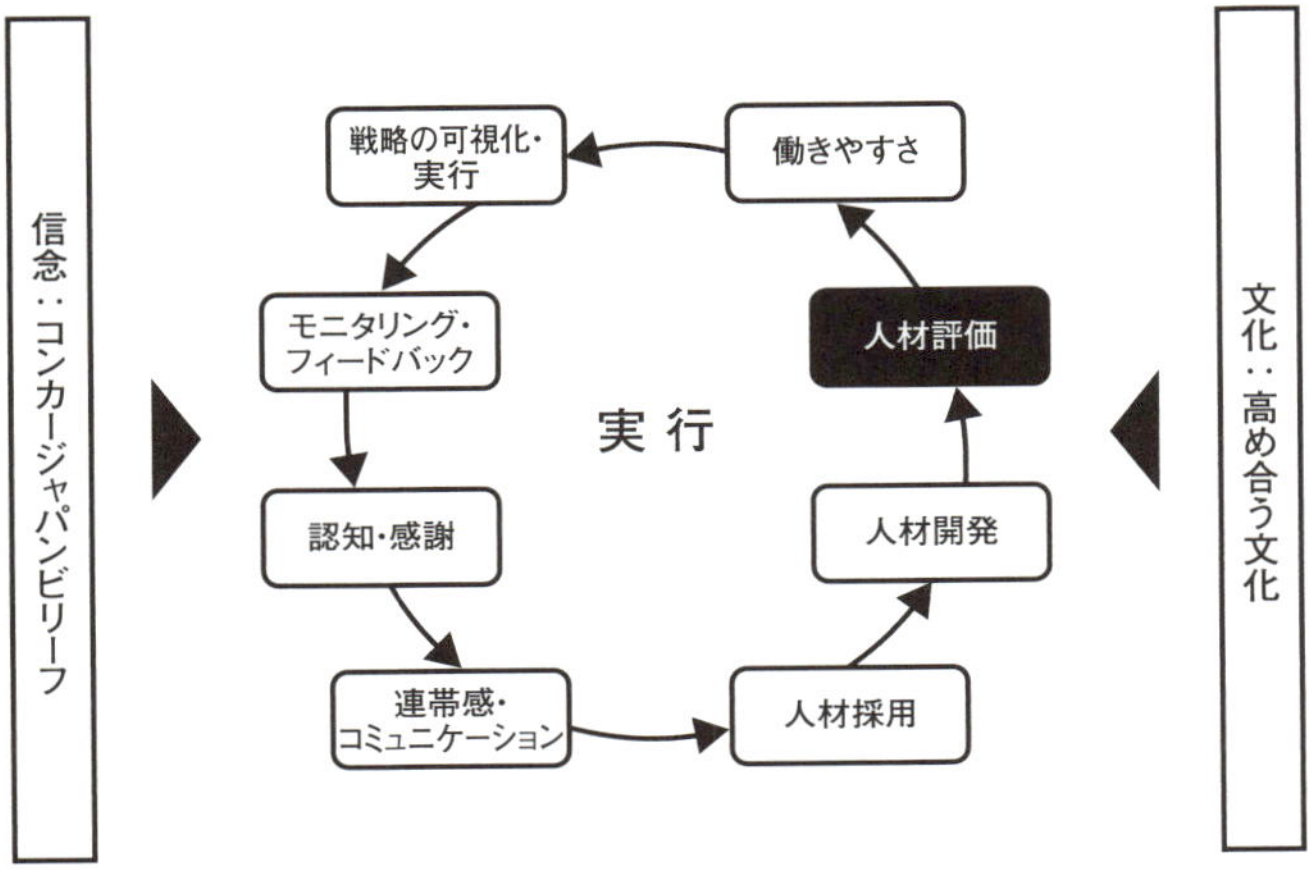

「評価基準が明確で不公平感がなく、自分のキャリアについても意欲的に考えることができるので、仕事のやる気につながっています」

処遇の不平等感をなくすために「ジョブグレード」を作る

「同じパフォーマンスを上げているのに、前職の給与が違ったというだけで差がついてしまう」という不満

コンストラクティブフィードバックをはじめ、社員の生の声を聞いていく中で、見えてきたことがありました。それは、処遇に対する不平等感の存在です。

コンカーでは、入社時の給与は、基本的に前職の給与を参考にして決めています。あまりにも前職の給与が低い場合には、入社の時点である程度の補正をかけるものの、入社してみないと実力がわからないので、基本は前職の給与を参考にせざるをえません。ただ、前職の給与によって入社時の給与に差がついてしまうため、同じ仕事をし、同じパフォーマンスを上げ続けているのに、給与の差がなかなか縮まらない、という問題が起きえます。

成果に応じた給与・昇給率を設定し、正しい給与水準に落ち着くようにする

コンカーでは毎年、昇給がありますが、その時一定の昇給率を全社員に一律でかけ合わせてしまうと、入社時の給与の差は埋まらなくなります。そこで、これを解決する方法が必要だと考え導入したのが、「ジョブグレード制度」です。

ジョブグレードは、入社後一定期間を経た後、その社員に対する期待値の大きさや、その社員が果たす役割に応じて決められます。それぞれのジョブグレードには給与レンジが決められており、その給与レンジの上方にいるか下方にいるかによって、年次評価で同じ評価を得ても、昇給率が変わります。給与レンジの下方にいる社員は大きく昇給する一方、上方にいる社員はもう壁に当たってしまっているのでそれほど多くは昇給しません。その結果、入社時の給与に違いがあっても、年が経つにつれ、同じ役割を果たす社員、つまり同じジョブグレードの社員たちの給与水準は、同じ給与レンジの中に収まっていきます。これが、コンカーの考える公平性です。

では、給与レンジの上方にいる社員が給与を上げるためにはどうしたらいいのか？ 答えはかんたんです。自分の果たす役割や責任の範囲を広げ、次のジョブグレードに上がる努力をすればいいのです。

また、入社時に給与が低かった社員も、成果を出して自分の役割を広げていくことによってジョブグレードが上がり、年齢とは関係なく、仕事の責任の重さと遂行する能力の高さに応じて昇給が加速していきます。

仮に入社時の給与に差があったとしても、入社後にどんどん縮まることになる。そうすることで、フェアな感覚を持てるようになると考えたのです。

ジョブグレードがあるから成長を実感でき、「次はここを目指そう」とがんばれる

私は基本的にプロとして自立したビジネスパーソンは、「自分のキャリアは自分で描くべきだ」と考えています。しかし、会社としてフリーハンドで「キャリアを描いてください」と言っても、何の目安もなければ、キャリアを自分で描ける人と描けないとでは大きな差が生まれてしまいます。そこでコンカーでは、「ジョブグレード」をデザインすることで、どのようなステップでキャリアを上げる道筋があるのかを明らかにしました。そして同時に給与の不公平感を是正するべく、キャリア上の各ステップ（グレード）にふさわしい報酬体系を再設計することを決めました。

実際、マネージャーになりたいと思っても、マネージャーのポジションの数には限りがあります。10人いたら10人全員がマネージャーになれるわけではない。しかし、ジョブグ

レードがあれば、将来的にマネージャーに昇格することを思い描きながら、段階を踏んで成長を感じていくことができます。いきなりマネージャーになれなくても、「では、次はこのジョブグレードを目指してがんばろう」と思えるようになります。

そして、ジョブグレードの導入には、もう1つの理由がありました。それは、ジョブグレードの定義に思いを込めることにより、社員にどのようなスキルを伸ばしてほしいのか、どのように成長してほしいのかをデザインしたかったのです。会社がどういう人材を求めているか。どんな人材を評価したいか。それらをジョブグレードの定義を用いて、はっきりさせることが重要と考えました。

「育成」に視点を当て、目標管理、報酬制度、昇格・配置とリンクした仕組みにする

ジョブグレードを実際に作っていく際に意識したのは、社員の「育成」に視点を当てることでした。給与や昇給・昇格の仕組みを透明化するとともに、自分のキャリア志向を明らかにし、次のステップに何が必要かを考える機会を提供するのです。

コンカーの社員には長期的なコミットメントをもって長くこの職場で働いてほしいと思っています。ただ、長期的に勤務したその後、もしいつか次のキャリアを求めたときに、「コンカーに在籍した年月で自分はとてつもなく成長した」と感じてほしい。ひいて

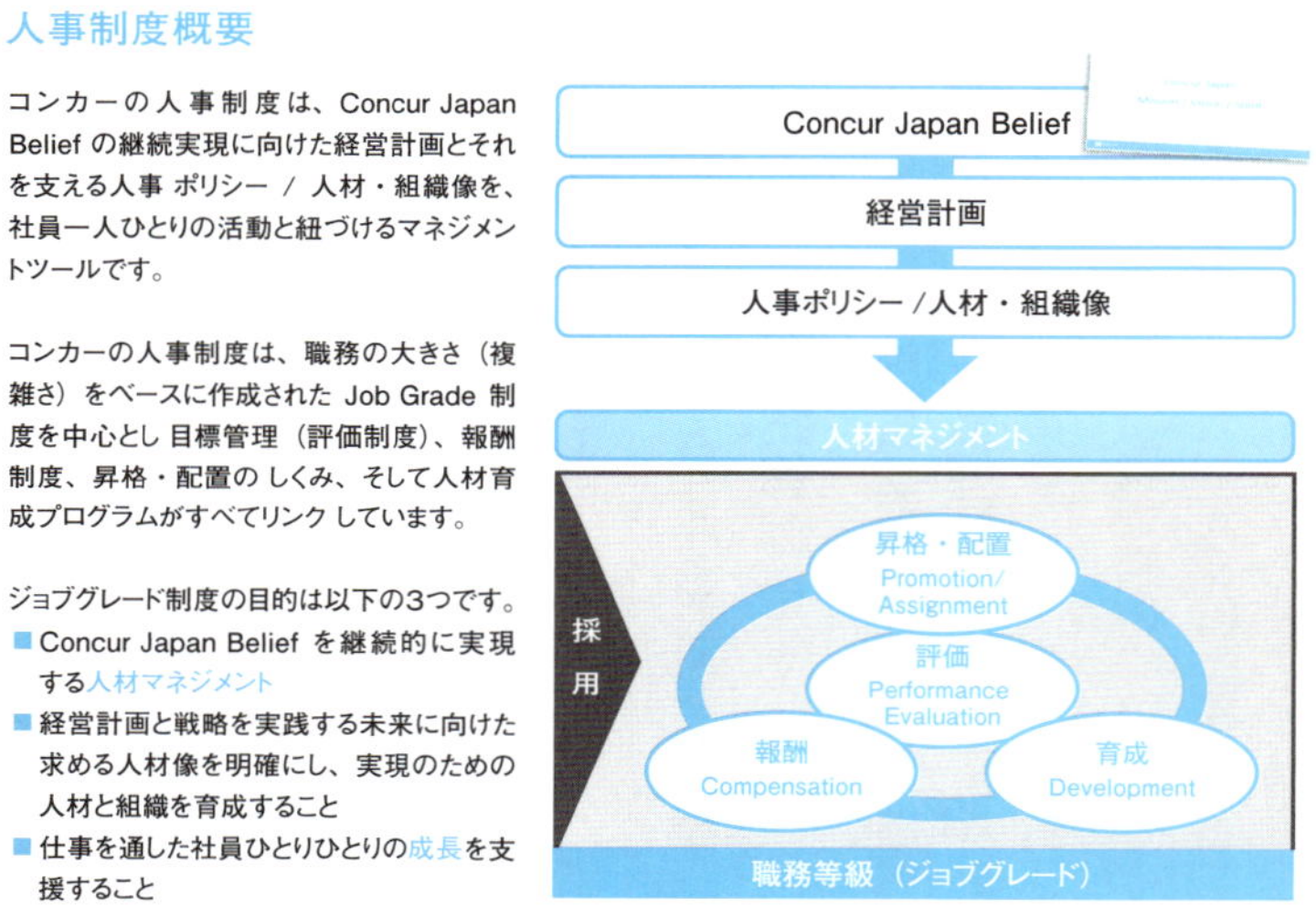

人事制度概要
コンカーの人事制度は、Concur Japan Belief の継続実現に向けた経営計画とそれを支える人事 ポリシー / 人材・組織像を、社員一人ひとりの活動と紐づけるマネジメントツールです。
コンカーの人事制度は、職務の大きさ（複雑さ）をベースに作成された Job Grade 制度を中心とし 目標管理（評価制度）、報酬制度、昇格・配置の しくみ、そして人材育成プログラムがすべてリンク しています。
ジョブグレード制度の目的は以下の3つです。

人事制度概要:社員向けにジョブグレードの基本コンセプトを説明する際に使用した資料

は、社員1人ひとりが、定年退職後に自分のキャリアを振り返った時に、「何度か転職したけれど、一番成長できたのはコンカーだった」と感じてほしい。そのような強い思いで、社員の成長を促す人事制度のベースとして、ジョブグレード制度を設計したのです。

ジョブグレード導入の際には、基本コンセプトとしてこの3つを掲げ、社員に発表しました。

- 社員1人ひとりの成長を実感できる制度にする
- 社員個人が自ら挑戦する風土づくりを目指し、互いに高め合う文化醸成につながる制度にする

- コンカージャパンビリーフの浸透を中心として、継続的に企業理念の達成を感じられる制度にする

ジョブグレードは、人事制度の中核となり、目標管理（評価制度）、報酬制度、昇格・配置の仕組み、そして人材育成プログラムがすべてリンクするものとしました。

「仕事の複雑さ」と「職務の種類」で職群を作る

そして、ジョブグレード制度そのものについても、改めて定義しました。

- 各自が担う役割や期待の大きさによって区分した等級制度である
- 大きな期待役割の違いを括り、ジョブカテゴリ（職群）を設置する
- ジョブカテゴリ（職群）の中には、ジョブグレード（職務等級）を定義し、期待役割の大きさをさらに細かく区分していく

こうして、仕事の複雑さを縦軸に、職務の種類を横軸にして、4つのジョブカテゴリ――「アソシエイト」「シニアアソシエイト」「エキスパート」「マネジメント」から構成さ

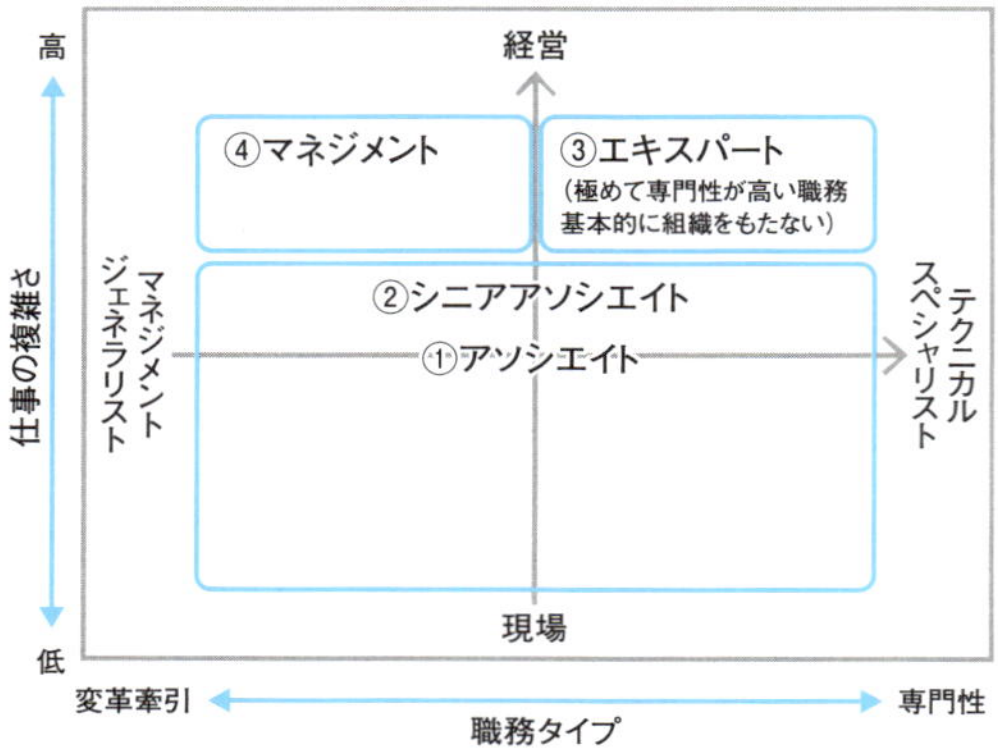

①会社の方向性とビジネス戦略に沿った一定の指導のもと、ビジネスの企画に関わり、実行し、完了する責任をもつ。

②会社の方向性とビジネス戦略に沿い、ビジネスの企画を行い、実行し、完了する責任をもつ。

③業界をリードする専門性をベースに、経営方針に沿って業界内外に影響を発揮する。

④マネジメントとして全社の方向性、方針を定め、担当部門をリードする。

ジョブカテゴリマップ：仕事の複雑性と種類を軸に4つのジョブカテゴリ職群に分類されている

マネージメント キャリア		
Job Category	Job Grade	Description
マネジメント	MGR-3	バイスプレジデント / シニアディレクター
	MGR-2	ディレクター
	MGR-1	ディレクター / マネージャー

エキスパート キャリア		
Job Category	Job Grade	Description
エキスパート	EX-2	シニアエキスパート
	EX-1	エキスパート

シニアアソシエイト・アソシエイト キャリア		
Job Category	Job Grade	Description
シニア アソシエイト	SA-2	シニア アソシエイト / リーダー
	SA-1	シニア アソシエイト / リーダー
アソシエイト	A-4	アソシエイト
	A-3	アソシエイト
	A-2	アソシエイト
	A-1	ジュニア アソシエイト

ジョブグレードマップ：4つのジョブカテゴリを仕事の複雑性を軸に、さらに細かいジョブグレードに分解される

れるジョブカテゴリマップを作りました。

さらに、ジョブカテゴリの中を、ジョブグレードに細分化しました。アソシエイトは4つのグレード、シニアアソシエイトは2つのグレード、エキスパートは2つのグレード、マネジメントは3つのグレードです。

リーダーシップ、チャレンジ、チームワーク、そして人材育成力をキーに定義づけする

ここでポイントになったのが、ジョブグレードの1つひとつについて、どう意味を定義していくかでした。定義にあたっては、人事コンサルティング会社に入ってもらい、私たちマネジメントチームにヒアリングをしてもらいました。

今、コンカーにいる人材は、どのような要素を持っているのか。そして今後3年後のコンカーの成長を考えたとき、どんな人物、どんな人材像が必要になるのか。それをヒアリングしてもらった結果、大きく3つの要素が導き出されました。それが、次の3つのコンピテンシーです。

- リーダーシップ
- チャレンジ

・チームワーク

加えてキーになるのが、フィードバックにより高め合う風土が生み出す

・人材育成力

でした。そこで、この4つの軸をキーにして、各ジョブグレードで必要とされるスキルとコンピテンシーを定義づけしていきました。

会社の文化と理念が反映されるように定義を考え抜くから、求める人材が明確になる

当初、人事コンサルティング会社と社内で作られた各ジョブグレードの定義案が私のところにきたとき、私はダメ出しをしました。なぜなら、まったく具体的ではなかったからら。正直、どこの会社でも汎用的に使えるようなものだと思いました。血が通った感じがしなかったのです。

私自身が若い頃、自分が1つ上のジョブグレードに行くためには何が足りないのか、会社が出していたジョブグレードの定義を一言一句、じっくり読み込んでいたことを覚えて

いました。「そういう社員が必ず出てくる」と私は思いました。そんな状況に耐えうるきちんとした表現、明確な違いを定義づけて出したいと考えたのです。そうすることによって、ある社員がアソシエイトの「A-2」なのか、「A-3」なのかというとき、

「3は少し早いと思います。その理由は、このジョブグレードに照らし合わせると、技術スキルはあるけれど、リーダーシップで足りないところがあるから。逆にいえば、リーダーシップをしっかり強化すれば、ジョブグレードを上げられるチャンスが出てきます」

というコーチングができるようになるのです。こうした会話を、社内でどんどんしてほしいと思いました。そうすれば1人ひとりにとって極めてわかりやすい人事制度になります。

各グレードの定義が血の通ったものにするため、表現方法や言い回しなどを管理部長といっしょに、一言一句、会社の文化と理念が反映されるよう、じっくりと考え抜きました。先のコンピテンシーの3つ「リーダーシップ」「チャレンジ」「チームワーク」にしても、100ほど出されたキーワードの中から、マネージャーにヒアリングし、コンカーの人材のあるべき姿を考え抜いて決めたものです。ただ評価の仕組みを作るということではなく、何より「コンカーらしい評価の仕組みを作る」ことが大切だと考えたのです。

私自身が意識したのは、「アントレプレナーシップ」と「リーダーシップ」。つまり、自

律的に動ける人材でした。創業数十年で、「業務は決まっていて、マニュアル化されている」ということならば、アントレプレナーシップもリーダーシップも必要とせず、ただマニュアルどおりに粛々と業務をやっていけばいい。しかし、コンカーは日々業務も市場も変わり続けます。ピラミッド構造の上から指示が下りてくるのを待っているのでは、現場判断が遅れてしまいます。前線にいる、最前線の社員が自己判断して各状況に適応していくことが求められます。そうした人材が求められているわけですから、コンカーらしさをできるだけ具体的に定義することが必要だと考えたのです。

「昇給にブレーキをかける」「減給を正当化させる」そんな誤解は起こりうる

そしてもう1つ、導入にあたって注意したことがあります。それは、

「昇給にブレーキをかけるためにジョブグレード制度を作るのではないか」
「減給を正当化させるための制度になるのではないか」

と心配する声が社内の一部にあったことです。全体としてメリットを受ける社員のほうが圧倒的多数にもかかわらず、こうしたケースではポジティブな人は口をつぐみ、ネガティ

ブな人の声が波及しやすいということを、身を持って体感することになりました。
そこで、オールハンズミーティングの場で、新しい制度は社員の多数にとってメリットのある制度であることを説明しました。給与を下げるための制度ということにも明確に「違う」と答えました。

また、各グレードの給与バンドを新たに決める際は、人事コンサルティング会社の報酬サーベイによって得られたIT業界のリーディングカンパニーの給与の平均値を上回る額に設定し、コンカーの給与水準はそれらの会社を上回る額であることを社員に伝えました。

新たな人事制度を導入するときには、こうした誤解が起こりうることを想定しておく必要があります。同じような責任を担い、同じような成果を出し続けているにもかかわらず同じ水準の給与を得ることができないのは、制度としておかしい。それを修正し、同じグレード、同じ給与バンドの中に収束させていく――それがコンカーの考える公平性だと説明しました。

制度上、現時点の給与が高く、ジョブグレードが低止まりしている社員は昇給幅が小さくなってしまいますから、その人にとってハッピーなことではなかったかもしれません。しかし、その人が何をすればジョブグレードが上がり、それに連動して給与が上がるのかは、ジョブグレードの定義に明記されています。この制度は公平な仕組みであるということを、社員は納得してくれていると考えています。

ジョブグレード制度は、２０１６年の秋から準備をはじめ、半年ほどかけて慎重に制度設計をし、２０１７年3月からスタートさせました。その際、仕事の責任とパフォーマンスに比較して給与が低い状態にあった社員の何人かにおいては、ジョブグレードごとに定義された給与バンドに則って、通常の年次昇給幅を大きく上回る率で上がったケースもありました。その後、ＧＰＴＷをはじめ、社員向けアンケートでは、給与に対する公平性、納得性が大きく改善されるという結果に結びつきました。

最後は社長自身が全員の評価をレビュー

上司が評価を決める前に腹案をすりあわせておくことで、ギャップを少なくする

目標設定については第7章でくわしく解説しましたが、年初に上司と設定した目標を、年の半ばに見直し、最終的な評価を翌年度の年始に実施しています。コンカーの評価の大きな特徴は、全本部長の評価の尺度を社長の私がしっかりレビューすることです。評価をだれがするかによって、評価結果にインフレやデフレが起こってしまうことを防ぐためです。格付けについて、甘い上司もいれば、辛い上司もどうしても出てきてしまう。その感覚をそろえていく。公平感を欠くことがあれば、管理職に是正を求めます。

最終的な評価の決定は本部長に任せていますが、その尺度が本部長間でずれないように、私と本部長の間で、評価セッションの前に、本部長の評価の腹案を全社員分レビュー

します。すでに社員数が170名に達しており、私がすべての社員の業務状況を把握できなくなっているため、本部長に各社員の働きぶりを説明してもらい、その働きぶりと本部長が考えている評価にずれがないかどうか、尺度の公平性を確認するのです。

それを腹案として、本部長（ミドルマネージャーがいる場合はそのミドルマネージャー）が、部下と1on1ミーティングの形式で業績の評価セッションに臨みます。もちろんあくまでも腹案は腹案ですから、部下本人のアピールによって本部長（あるいはミドルマネージャー）が納得すれば、腹案を修正するのはまったく問題ありません。

多くの企業でよくあるプロセスは、「上司が本人と話して評価をおこない、評価が終わってから評価結果をその上司の上司が承認する」というものです。このプロセスでは、仮に上司の上司が評価結果を承認しない場合、上司と本人で合意された評価結果をあとから覆すことになってしまいます。もし、それによって下振れの評価に変更する場合、本人のモチベーションを著しく傷つけてしまいかねません。そんなことはなかなかできないので、結果、たとえプロセス上では承認のステップが存在しても、ほぼすべてスルーで承認されてしまい、評価基準を部門間で均質化するタイミングを失ってしまうのです。

できる人は「活動量」「スピード感」「規律」の3つがそろっている

私は社員の働きぶりを評価する際に、活動量、スピード感、規律、をキーワードにして観察しています。優秀な社員は、この3つがそろっています。逆にパフォーマンスが低迷している社員は、この3つのどれかが足りていません。上司から評価の腹案を説明してもらう時には、いつもこの3つの尺度を意識して聞いています。

社員にとっては、自分がしっかり見てもらっているか、認めてもらえているかは、極めて重要です。優秀な社員が、上司との不仲で不遇な評価を受けて、辞めてしまうようなことも起きかねない。そこに目を光らせておくのも、経営者の仕事の1つです。人数が増えてきて、全社員の評価を事前にレビューするのは大変になってきていますが、評価の尺度をしっかりそろえ、公平感を持ってもらえるようにするためにも、できるところまでやっていきたいと思っています。

外部から管理職を採用しない「内部昇格率100%」

中途で入社した管理職が機能しないケースは少なくない

コンカーのマネジメントの大きな特色の1つに、管理職の「内部昇格率100%」があります。2014年以降に新設された14の管理職ポジションは、すべて内部昇格者が就任しています。

中途採用が多い外資系企業では、管理職が外部から採用されるケースが少なくありませんが、どうしてコンカーはそうしないのか。その理由の1つは、現場で実績を挙げた社員に、マネジメントとしてのチャンスを提供したいからです。「実績を出せば管理職に昇格できる」という夢を与えたいのです。

この背景は、じつは外資系において、中途で入社した管理職が、現場の業務がよくわか

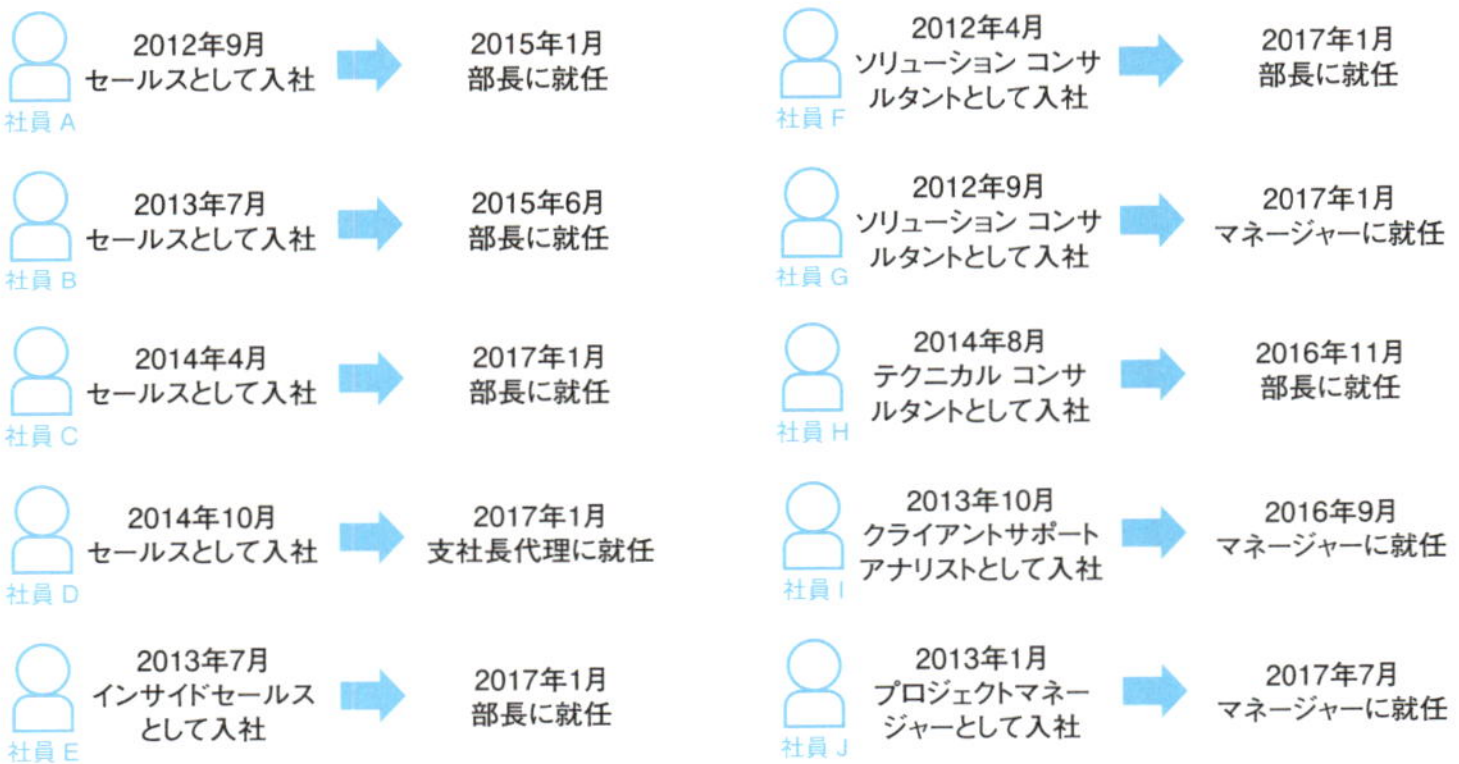

内部昇格した管理職：現場で実績を上げた社員にマネジメントとしてのチャンスを積極的に与えている

らず、管理職として機能しないケースも少なくないからです。現場での実績がまったくなく外部から入社した管理職は、そうかんたんには現場からの尊敬を得られません。私自身、長くSAPジャパンに勤務していましたが、当時を振り返っても、現場で尊敬され結果を出していた管理職は、管理職として入社した人ではなく、現場でたたき上げの管理職だった傾向がありました。

そのような私自身の経験もふまえ、コンカーでは、内部昇格率を100%にしています。採用エージェントに対しても、管理職の採用は一切依頼していません。管理職経験がなくても、管理職としての成長ポテンシャルを見極めたうえで、現場で高い実績をあげた社員を積極的に登用していくことにしています。

ぐっとこらえて、有望な社員が頭角を現すのを待つ

もちろん、組織を大きくしていくときには、管理職不足は大きなボトルネックになります。管理職の頭数がいないと、組織拡大に制約が出ます。そういうときには、外から採用したい誘惑にかられますが、そこをぐっとこらえて、下から引き上げられる時期を待つようにしています。

しかし、そうなると、それまでの管理職に大きな負荷がかかります。管理職が見る部下の人数がどんどん増えていってしまう。最大で1人の管理職が束ねている人数が20名を超えてしまった部門もありました。特に営業は、部隊を大きくしていくときに、営業部長という現場指揮官が必要になります。営業部長が足りないと、営業の人数を増やせない。いくら営業の効率を上げても「戦いは数」という側面がどうしてもあるのです。売上目標は、営業の人数×1人あたりの営業予算ですから、この状況は深刻です。人数バランスでは、1人の営業部長が束ねるべき人数は6〜8人程度であるべきなのに、10人以上見なければいけないようなことが発生する。

そういう状況になると、コンストラクティブフィードバックでも「上司とのコミュニケーションが不十分だ」という結果が出たりします。しかし、まちがった人材の管理職登

用は、部門のモチベーション低下、最悪の場合は部門社員の退職といった問題を引き起こしかねません。そこで、焦らずに有望な社員が頭角を現すのを待つのです。

これは、社員に対する、前向きなメッセージになります。「管理職を外から採らず、現場の社員をプロモーションするので、みなさん結果を出してください」というメッセージです。外から人材を採用するときにも、「内部昇格ができる会社だ」という外部候補者に向けたいいメッセージになり、入社時点では一般社員でも、入社後に結果を出して管理職になれるという希望を抱くことができます。

社員には将来の成長計画を説明するときに、こんな話をしています。「マネジメント志向の社員にとって、会社が大きくなれば、それだけ管理職のポジションが増える。コンカーは外から管理職を採る方針ではなく、内部昇格率100%だからこそ、会社の成長=昇進のチャンスが増えるととらえてください」と。

新任マネージャーは苦労する、だから着任2~3カ月前に発表する

ただ、新しい管理職はやはり苦労します。社内ではいろいろな調査をしますが、各種調査でベテランマネージャーと比較して、部下からの評価が低く出る傾向にあります。

ですから昇進にあたっては、着任の2~3カ月前に全社員にアナウンスします。事前に

発表しておくことで、準備に余裕ができます。部下になる社員とのコミュニケーションを含めて、事前に知らせておくことで、立ち上がり期間を短くすることができるのです。周囲にも、「新任マネージャーだから、いろんな苦労があるのでサポートしてください」と協力を仰げます。

おそらく、マネージャーが実際に着任する数ヶ月前にアナウンスする会社は少ないのではないでしょうか。着任の直前、場合によっては着任してからアナウンスがおこなわれるのでは、管理職として活動する準備を突貫工事で進めなければならず、マネージャー本人にとってもその配下に加わる部門の社員にとっても負荷が高まってしまいます。

内部昇格率100%は、周囲の納得感も高いと思います。現場で実力があることが大前提となるからです。現場での実績に加えて、「本人がマネージャーをやりたいという覚悟があり、きちんと部下をコーチングでき、部下に対して愛情を注げるか」という観点を重視して最終的に昇格させるかどうかの判断をしています。

「好き嫌い」で昇進が決まってしまわないよう、仕組みでヘッジする

納得感の高さという点では、プロセスの公正性についても留意しました。「ジョブグレード制度」を導入したとき、マネジメント志向の人は、「こういうプロセスとステップ

を上がっていけば、その中で報酬もポジションも、おのずとついて来る」ということが全社員に認知されましたが、同時に公平性を担保するため、昇格（ジョブグレードの変更）については「だれの承認によって決まるか」を明らかにしたのです。

具体的には、管理職であれば、社長に加えて、全事業部門の本部長の承認。上級管理職や上級エキスパート職であれば、社長および本部長の承認に加えて、米国本社の社長承認が必要になります。つまり、単に「私が気に入ったから」などという社長である私の一存で勝手に昇格させることはできないようにしています。

人事で疑心暗鬼に陥らせないよう、しっかりと説明する

戦略や経営状況の透明化には日々腐心していますが、コンカーでは人事的な情報についてもできるかぎり説明を尽くすようにしています。社員の昇進や異動が決まると、どうしてその社員が昇進することになったのか、なぜ別部門に異動し、どのような役割を期待されているのか、その理由や背景を本部長がメールで発信するか、またはオールハンズミーティングの場で説明します。

異動の説明をしっかりやらないと、「どうしてあの人はあそこに異動させられてしまったのか」といった〝飲み屋トーク〟が始まってしまいます。異動をめぐる噂話は、だれで

も関心を持ってしまうものです。時には、スキャンダラスに受け止められてしまう。そうすると、あることないこと、いろんな想像が一人歩きしてしまいかねない。だから、できる限り明らかにするべきなのです。

昇進も、オールハンズミーティングで、どういう理由で昇進したのか、所属する部門の本部長に説明してもらいます。そこで、納得感を形成します。そうしないと、やっかみなどのおかしな空気が出かねないからです。また同時に、「どのような功績が昇進につながるのか」「会社はどのような人物を評価しているのか」をほかの社員に伝えることも大切な目的としています。やっかみのようなもののすべてはつぶせないかもしれませんが、「説明することで、納得感をできる限り担保したい」というのが、私の考え方です。

人事は本当に大事です。経営者はそのことをよくわかっていないといけません。採用、育成、昇進、評価、報酬制度といった人事施策によって、社員のモチベーションは驚くほど大きく左右され、そのことは会社全体のパフォーマンスに直結していくからです。

第9章

働きやすさ

「ワークライフバランス」と多様性に配慮し、
休みが取りやすい、柔軟に働ける仕組みを作る

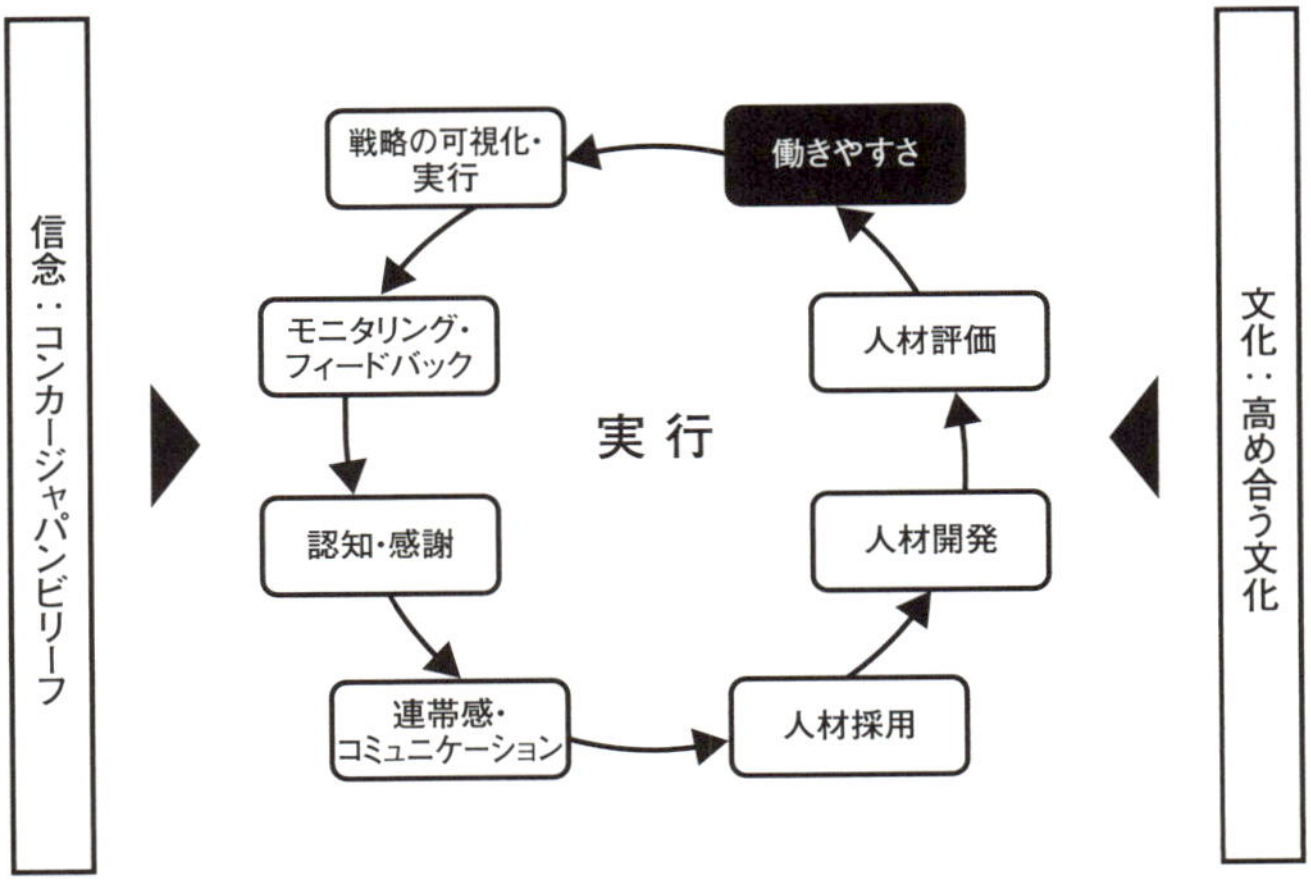

「家庭と仕事のバランスがとても取りやすく、
育児中であっても責任のある仕事を任せて
もらえるのが、働きがいにつながっています」

休みやすい雰囲気づくりのため「有給休暇奨励日」を設定

有給休暇はなかなか消化し切れない、だから使う機会を会社が作ってあげたほうがいい

働きがいを考えるとき、忘れてはならないのは、ワークライフバランスへの配慮です。プライベートもしっかり充実させることができてはじめて、仕事も充実させることができる。働きがいも高まっていく。休みが取りやすかったり、柔軟に働けたり。ワークライフバランスをサポートするためのさまざまな取り組みを推し進めました。

まずは、「有給休暇奨励日」があること。これは、コンカーの有給休暇を運用するうえでの1つの特色だと思います。このアイデアが出たのも、オフサイトミーティングでした。このアイデアを聞いた時、有給休暇の奨励日を設け、休みやすくするのは、やらない理由がない、とてもいいアイデアだと思いました。

最近では祝日が増えて、谷間の平日が結構あります。たとえば、木曜が祝日の場合、金曜は谷間の平日ですが、ここを休むことができれば、4連休になります。しかし、だからこそ、なかなか言い出せない。『4日も連続で休むのか』などと思われてしまったらどうしよう」などと遠慮してしまう。

そこで会社から、「むしろその日は積極的に休んでください」と奨励するのです。そうすると、遠慮していた社員も有給休暇を取りやすくなります。しかも、4連休が取得できる。

実際のところ、仕事をきちんとやっていてくれさえすれば、4連休でも5連休でも、特に問題はないのです。ところが、ためらってしまう。そんなことをしているうちに、有給休暇はどんどんたまっていってしまう。

放っておくと、有給休暇はなかなか消化し切れないものです。「消化しよう」と思っていないと、なかなか使い切れない。だから、使う機会を会社が作ってあげたほうがいい、と考えたのです。

「わざわざ上司に言いに行く」「書類を提出する」手間をなくすと利用しやすくなる

ゴールデンウイークも、谷間の平日は有給休暇奨励日になっています。そうアナウンスした途端、有給休暇の申請がたくさん出てきました。やはりみんな、本当は休みたかったのです。

会社によっては、谷間の平日を休みにしてしまうところもあります。出社していても、お客さまはお休みだったり、いつものようにはいかないケースも多い。休めるなら、休んだほうがいいと思います。奨励日にしてしまえば、妙な遠慮をする必要はありません。

コンカーは外資系ですから、お盆のタイミングは休みではありませんが、ここも有給休暇奨励日にしています。また、夏季休暇として、通常の有給休暇の日数とは別枠で3日間の休暇を、7月、8月、9月の好きなときに取得できるようになっています。奨励としては「祝日や休日、通常の有給休暇と組み合わせて1週間くらい取るようにしてください」と伝えています。その1つの候補がお盆の時期です。この週は、日本企業の多くがお休みでビジネスも止まっています。それなら、有給休暇も組み合わせて、長期の休みにしてしまえばいいのです。

ただし、〝奨励〟ですから、〝強制〟ではありません。また、業務の状況によっては、必ず希望が叶うわけではない。そこは、応相談です。

休暇申請もシステム上で出せるので、わざわざ上司に言いに行ったり、書類を提出してもらったりする必要はありません。こういった仕組みが、有給休暇利用のバーを下げることにつながります。

有給休暇取得の促進は、今や日本では大きな課題になっています。コンカーでは、本部長が部下の有給休暇をシステム上で把握できるので、消化状況を見ながら、本部長から部下に休暇を取るように促したりもしています。実際、もっと有給休暇を取ってほしいですが、まず大事なことは、休みを取りやすい雰囲気づくりです。そのために「有給休暇奨励日」は意味があると思っています。ＧＰＴＷでも、有休の取りやすさは、とても高い評価を得ています。

配偶者や家族も受けられる「予防接種デー」

「面倒だから」をなくせばリスクを減らせる

ある年、社員がバタバタとインフルエンザにかかってしまった冬がありました。インフルエンザは、回復にも時間がかかりますし、何より本人がつらい。

そこで翌年、予防接種を会社負担でおこなう制度を作ることにしました。費用負担もするのですが、予防接種を受けるとなれば、土曜日などに行かねばなりません。しかも、混んでいて時間もかかったりする。貴重な休みの日を使うのは、もったいないことです。また、「面倒だから」と予防接種に行かないというケースもあるはずです。そうなれば、感染のリスクは高まります。

調べてみると、医師にオフィスに来てもらって予防接種を受けられることを知りました。提携病院に問い合わせをし、来てもらえる医師を探しました。

会社に来てもらえたら、土曜日に行く必要はありません。実際、医師に会議室に来てもらって、順番に並んで、予防接種を受ける、というだけです。「これなら、面倒に感じていた社員もインフルエンザの予防接種を受けるに違いない」と思っていましたが、まさにそのとおりでした。多くの社員が、接種を受けるようになりました。医師が予防接種のためにオフィスに来ると、たくさんの社員が腕をまくって行列し、注射が終わった社員に「痛くなかった?」と聞いている様子は、小学生の時のことを思い出して微笑ましくなります。

家族は社員を支えている、だから会社でサポートしたい

自分で病院に行って予防接種を受けた場合でも、その費用を会社が負担するようにしています。これは「インフルエンザの予防接種をしっかりと受けることも仕事」という会社からのメッセージです。また、本人以外でも、被扶養者の配偶者やお子さんも会社の全額負担で予防接種を受けられます。じつのところ、家族がインフルエンザにかかってしまうことは、ご本人としても困ることになります。それなら、家族も含めて、会社が予防をサポートしたほうがいいという判断をしました。

ちなみに健康診断についても、配偶者の費用をコンカーで負担しています。もし、配偶者が仕事をしていなかったりすると、健康診断の費用負担は大きい。配偶者は社員を支えてくださっているという側面があるため、その方の健康も含めて、コンカーでサポートしたいという思いがあります。領収証を提出してもらえば、その費用を会社が負担する制度にしています。

産休・育休から復帰しやすい制度と雰囲気を作る

「シッター費用の半額補助」で待機児童問題に対応

育休を終えて、会社に仕事復帰しようと考えたとき、大きなネックに直面することがあります。それが、保育園問題です。

保育園の待機児童は社会問題化していますが、じつはコンカーで最初に産休・育休に入った女性社員も、実際にこの問題に直面してしまいました。入園可能な保育園が見つかるまで、選択肢としてはベビーシッターにお願いするしかなくなってしまった。ところが調べてみると、シッター費用はかなり高額で、とても困っていました。

そこで、「そのシッター代金の費用を会社で半分負担しよう」という話になりました。そうすることで、保育園に入るまでの間の負担を金銭的にも人手的にも減らすことができる。実際、この社員はシッター制度を使って、早期に職場復帰することができました。

シッターの利用頻度は、実際にはそれほど高くありません。お金の問題以外に、やはり知らない人に家に来てもらうことへの抵抗感も日本ではまだまだ大きいのだと思います。ただ、「いざというときにベビーシッターを活用できる」という安心感が会社にあるということが重要だと思います。

女性社員だけの制度にしない、共働きならば男性社員でも状況は同じ

ちなみに、まだ社員数が少なかった頃、最初に産休・育休に入った女性社員の披露宴に主賓として招待され、このようにご挨拶しました。

「○○さんはコンカーの最初の大型プロジェクトを成功に導いたプロジェクトマネージャーであり、今日はコンカーの女性社員として最初に結婚式を挙げた女性になりました。そして近い将来、新しい命を授かりコンカーで最初のお母さんになるかもしれない。○○さんが産休を取って復帰するとき、復帰しやすい制度作りをすることを約束します」

当時、働くお母さん予備軍の女性社員が増えつつある中で「環境整備をしないといけな

い」という使命感はとても強いものがありました。ベビーシッターの半額補助というのは、ちょっと大胆なアイデアではありましたが、私としては実現させたかった制度でした。

おかげで、コンカーはベビーシッター会社を活用する先進事例として、メディアにも取り上げられたりしています。これから、ベビーシッター利用は、心理的なハードルも下がって、日本でもどんどん増えていくのではないかと思います。お金はかかりますが、「優秀な社員に早期に復帰してもらえる」と考えると、私は経済的な合理性はそれなりにあると判断しています。

また、これも1つのこだわりでしたが、この制度は女性社員だけのものにしたくなかったため、共働き家庭の「働くお父さん」として男性社員でも使えるようにしており、子供が病気のときや残業時の保育にも、幅広くシッター制度を利用できるようにしました。共働きであれば、男性社員も育児が必要な状況は女性社員と同じだからです。

産休・育休休暇中でも情報をキャッチアップできる環境を整えておく

もう1つ、これは産休・育休中においてですが、パソコンをいつでも使えるようにしています。育児休暇の社員にも、パソコンを貸したままにしているのです。

長期休暇に入るとき、多くの企業ではＩＤがロックされ、メールも見られなくなってしまいます。数カ月から1年、最長で2年ものあいだ休んでいると、仕事環境は大きく変わってしまいます。それこそ、復帰時には「浦島太郎状態」になることも多いそうです。これもまた管理部長の自身の経験からきていますが、産休・育休中であってもパソコンを貸与し、会社のメールが読める環境を作っておくことにしました。

休暇中は給与が払われてないので、強制はできませんが、もし読みたければメールも読める。全社員宛に送られてくる情報にも触れられる。そうすることで、安心して休暇を過ごせるし、復帰にもスムーズに入っていける。もちろん、セキュリティは担保しながらパソコンを扱ってもらっています。また、遠隔会議のツールもあるので、時間があれば、オールハンズミーティングにリモートで参加したり、コミュニケーションランチも権利として使うことができます。チャンスがあれば、「子連れで上司とコミュニケーションランチ」ということも可能です。

休暇中の女性社員が、会社に来てくれることも少なくありません。赤ちゃんがやってくると、みんなで抱っこしたり、ツンツンしたり、とても癒されますし、みんなが笑顔になります。「どうぞ遊びに来てください」と奨励しています。

コンカーにはワーキングマザーの女性社員がたくさんいます。少しずつですが働くお母さんのいいロールモデルがたくさんいる会社にしていきたいと思います。

好きなときに勤務すればいい「100時間勤務制度」

「時短といっても、2時間繰り下げたり、繰り上げたりする程度では、普通に働くのとそれほど変わりはないのではないか？」

産休から復帰した社員などにぜひ活用してもらおうと考えて作ったのが、好きなときに勤務できる「100時間勤務制度」です。これも、コンカーならではの制度だと思います。

一般的な時短勤務では、就業時間を2時間程度まで繰り下げ、繰り上げをすることができます。しかし、「2時間くらい繰り下げたり、繰り上げたりするのでは、普通に働くのと、それほど変わりはないのではないか？」と考えました。それよりも、もっと自由が利く制度ができないか。

「今日は子どもが熱を出してしまったので、休ませてほしい。でも、そのぶん明日、多めに働きたい」

そのくらい融通が利く制度があってもいいのではないか、と。

そこで生まれたのが、「100時間勤務制度」です。月に100時間、いつでも好きなときに働くことができます。そうすれば、子育て中に、よりフレキシブルに働くことができると考えたのです。

選択肢があるから、安心感が生まれる

ただ、法律的な問題の兼ね合いがあり、勤務時間を100時間のように時間数で定義すると、月給制ではなく、時給制にしなければいけなくなります。時間勤務による時給制度になるので、タイムシートをつけてもらって、時給での賃金支払いとなります。そうなると、普通に時短勤務を選択するよりも、賃金的にはどうしても少し下がってしまいます。ただ、その代わりに時間の使い方の自由度が増します。社員は自分の状況にあった選択肢を与えられるのです。

「産休・育休明けには時短勤務」というのが世の中のオーソドックスな制度ですが、そこにも課題は潜んでいます。そこに真正面から向き合って、違う選択肢も作れないか、と

いうことで生まれたのが、100時間勤務制度でした。前例がなかったので、就業規則に落とし込むところが、なかなか大変でした。

ただ、大事なことは、やはり「選択肢がある」ということだと思います。そうすることで、安心感が生まれる。

たとえば、いずれ結婚して、子どもを育てながら働きたいという人もいますし、結婚してまさに今子どもがほしいと思っている人もいる。そういうタイミングの女性がたくさんいる中で、いろんな選択肢があれば、「コンカーなら続けていけそう、だから今がんばろう」と思ってもらえます。

こうした制度づくりには、自らも子育てをしながら働く経験を持っている管理部長の存在に助けられました。管理部長は、制度面のみならず、会社全体で子育てがしやすい雰囲気づくりも推し進めてくれています。

子どもは急に熱を出したりします。保育園によっては預けられない。「38度を超えると、翌日も預けられない」という保育園もあるそうです。

こういう状況を乗り越えてきた管理部長ですが、救われたのは、まわりの同僚たちの許容する雰囲気だったそうです。「休んでいいよ」「休みなさい」と言ってくれる同僚や上司の存在です。そういう雰囲気を、コンカーでも作りたかったと話してくれました。

コンカーでは、マネージャー自身が、男性でも育児に携わっている社員が少なくありません。「保育園のお迎えがあるので帰ります」と言って男性の本部長やマネージャーが早々に仕事を切り上げたり、在宅で仕事をすることもしばしばです。そうなると、部下もそういう動きがしやすくなります。自身がしっかり仕事をコントロールできていれば、何の問題もありません。

実際、「子どもが熱を出したので、休みます」という声にも、「お子さん優先で」と言ってくれる上司が多いようです。会社全体で、そういう雰囲気になっています。これは、配偶者が入院するといったときも同じです。「無理をせず休んだほうがいい」と上司はアドバイスします。後から、配偶者の方に感謝されたケースもあったようです。

「何を大事にすべきか？」を考えて働き方にフレキシビリティをもたらす

在宅勤務を一部の職種に限る、その理由

たとえば、午前中に子どもの学校の懇談会があって、出社すると午後2時になってしまう。それなら出社するよりも、家で仕事をしたほうが効率的ではないか……。もし、こんなケースがあれば、コンカーなら、「じゃあ、午後は在宅勤務でいいですよ」となることが少なくありません。事前にマネージャーに伝えておけば、よほどのことがないかぎり「はい、わかりました」とOKされます。

最近では在宅勤務制度を取り入れる会社も増えてきていますが、コンカーでは定期的な在宅勤務制度はお客さまサポートチームと、電話営業のチームに限定して運用されてお

り、実際に週に1回か2回、在宅勤務をしている社員がいます。

この2部門に限定しているのは、対お客様の仕事が基本的にメールか電話で完結し、おこなった仕事がすべてログに残るからです。その意味で、まわりからの公平感の担保と勤務状況の把握をすることが容易なのです。

それ以外の部門は、冒頭に記述したように、都度承認で対応しています。在宅勤務の必要があればメールでかんたんに申請し、そのほとんどは承認されます。当日申請でもまったく問題ありません。そのほうが、あらゆる職種のあらゆる立場の社員が利用することができて、働き方のフレキシビリティにつながると考えているからです。

流行りに流されるのではなく、本質をとらえる

「働きがいのある会社を意識しているのだから、在宅勤務制度のような先進性のある仕組みをきっと全社員に取り入れているに違いない」

そう思われることがよくあります。しかし、社長の私個人の意識としては、「流行りのようなものにはかんたんに振り回されたくない」という思いがあります。

たしかに、アメリカのＩＴ企業をはじめ、在宅勤務は一気に進みました。それが、世の

中のトレンドなのでしょう。しかし、一方で揺り戻しも出てきています。アメリカの大手ＩＴ企業には、在宅勤務がまったくうまくいかず、生産性を大きく落としてしまって、在宅勤務の運用を断念した企業も増えています。そうした企業においては、いったん在宅勤務という〝権利〟を獲得した社員からの不満は相当なものがあるようです。

じつはコンカーの米国本社も、全社員が在宅勤務を利用することができ、たくさんの社員が在宅勤務をおこなっています。ただ、マネージャーの中には、苦労している人も多いことを私は知っています。「在宅勤務になって、部下と顔を合わせることができないので困っているが、制度上、許されているので何も言えない」と。

日本法人でも、「在宅勤務を取り入れてほしい」という声は社内から上がっています。通勤の大変さもあるでしょう。それはよくわかりますが、負の側面があるのに、それをそのまま受け入れるわけにはいかないというのが私の見解です。

これは管理部長とも意見が一致しているのですが、流行りに流され、メリットとデメリットをよく考えずに新しい仕組みを導入することはしたくありません。もちろん在宅勤務を流行り物と断定して否定するわけではありませんが、本質は「働き方のフレキシビリティ」です。その観点からみれば、とてもシンプルです。「都度、必要なときに、申請ベースで承認を得ればいい」という認識です。それで解決できます。

やはり、何を大事にするべきか、会社ははっきりと定めるべきです。コンカーの場合、それはコミュニケーションなのです。

他社と比較して社内のコミュニケーションは良いコンカーですが、会社が大きくなるプロセスを経て、社員と社員の間、社員と上司の間のコミュニケーション問題が常につきまとってきました。これから会社がますます大きくなっていく中で、コミュニケーション問題は、もっともっと深刻になるはずです。在宅勤務を導入することによって、それが負の方向に振れかねない。在宅勤務にすることによるプラス面と、とりわけコミュニケーション面を中心としたマイナスの側面を比較したとき、圧倒的にマイナスの側面のほうが、現時点の私には強く見えます。「コミュニケーションの低下はＩＴで補完できる」とよく言われていますが、私はＩＴ業界に長くいるからこそ、ＩＴは万能ではないことを知っています。

コンカーは、コミュニケーションをとても大事にしている会社です。流行りに振り回されて、その本質を見失ってはならない。コミュニケーションこそ、「働きがい」に本当に大きな影響を及ぼします。それは、会社が最も重視しなければいけないことの1つだと思うのです。

将来的に事前承認を不要とした在宅勤務の全面的な導入を決断する日が来たとしても、それは流行っているからではなく、メリット・デメリットを慎重に比較したうえで、そうすることが正しいと確信が持てた時なのです。

おわりに「働きがいのある会社」づくりは、経営戦略である

「働きがい」に真剣に向き合う経営者やリーダーを増やしたい――それが本書の企画の原点です。

「働きがい」を重視した経営の大切さ。考えてみれば、それはとてもシンプルなことです。ヒトは最も希少な経営資源になりつつあります。そのヒトのパフォーマンスを大きく左右するのはモチベーションです。しかし、報酬や福利厚生によるモチベーションには持続性がありません。持続的にヒトのモチベーションを高めるもの、それが「働きがい」です。したがって、「働きがい」を高めることは、社員におもねることでもなんでもなく、合理的に考えてみても、企業の業績を高めるうえで最重要の経営戦略なのです。

ではなぜすべての企業がそう考え、実行できないのか、本書の最後にその阻害要因を考えてみます。そこには3つの障壁があります。

障壁①トップのコミットメント不足

「働きがい」の取り組みに魂を吹き込むのはトップの覚悟です。大胆な制度変更や果敢な経営資源投入を判断できるのは、トップをおいてほかありません。「人事でやっておいてくれ」ではダメです。実行は人事に委ねたとしても、トップの本気度と熱意は社員に伝ってしまいます。トップが働きがいに覚悟を持って取り組むこと。まず、それが最初の一歩です。

障壁②アイデア不足

いくらトップにやる気があっても、「社員のモチベーション＝ボーナスや福利厚生」程度の発想では持続的に働きがいを高めることはできません。「働きがいを高める」ことを経営の問題と位置づけて、徹底的に考え抜く。昼も夜も頭から離れないくらい。あるいは耳の痛いことも含めて社員の声に耳を傾け、働きがいを阻害する要因をあぶりだして直視する。そして、阻害要因を徹底的に取り除く。このような問題意識を持ち続けていれば、自ずと働きがいを高める施策のアイデアが出てくるはずです。

障壁③実行力不足

いくらトップに熱意とアイデアがあっても、実行面が担保されていないと、かけ声倒れで終わってしまいます。実行面は、おそらく人事が支えることになるでしょう。そこで必要なのは、制度を粛々と回すスタイルの人事ではなく、経営者と同じ視点を持ち〝戦略人事〟的な発想ができる人材。トップといっしょになって「働きがい」という命題を徹底的かつ執念深く考え、確実に実行できる人材です。

そのような人材がもし人事部門にいなければ、社内でそれができる人材を探す。それはトップセールスかもしれませんし、腕利きのマーケティング担当者かもしれません。そんな人材は、あらゆる組織で結果を出しているはずです。しかし、あえて動かす。働きがいが最重要の経営戦略であれば、そこまでするべきなのです。

「働きがいのある会社」づくりは長い道のりになりますが、本書を手に取った方々の企業が、まずこれら3つの要素を乗り越え、その大きな一歩を踏み出すことを切に願っています。

*　*　*

私は29歳の時、それまでの技術職から一転して、新規事業の事業責任者に任命されました。その事業部にはインターナルカンパニーとして事業に必要なすべての職種が存在しており、その責任者としての私の立場はある種の経営ポジションといえました。

しかし、若すぎた私には経営の経験もなければ、経営を教えてくれるメンターもいない。途方に暮れていたそんな時、私が頼ったのが本でした。すがるようにたくさんの経営書を必死で読み漁ったものです。本書に出てくる取り組みの多くは、その時代に本を読んで〝叡智〟だと感じた手法を若さゆえの素直さで愚直に実行し、その試行錯誤を通じて自分のスタイルにしたものです。

本書で私が書いた考え方や取り組みは、〝叡智〟と呼べるほどのものではないかもしれません。それでも、それらは机上の空論ではなく、コンカーの社長の立場を引き受けて以来7年間ものあいだ、社員の働きがいを毎日のように考え、経営の現場で実際に試したものをありったけ盛り込むことだけはしたつもりです。

この本の読者の立場はさまざまだと思います。なかには「働きがい」についてこれまで真剣に向き合ったことがなく、教えてくれるメンターもいない、そんな29歳の時の私のように依って立つ何かを探している方もおられると思います。そうした方々にとって、もしもこの本がわずかにでもヒントになれば、それは、かつて本に救いを求めた私にとって望外の喜びです。

まずは一部でも「これは自社で使えそう」と思える考え方や取り組みを、試しに取り入れてみてはいかがでしょうか。守・破・離のごとく、そこから必ずご自身のスタイルがかたちづくられ、そしてそれは各社のストーリーになっていくはずです。

これから、〝働きがい〟に対する経営者やリーダーの意識は、もっともっと高まってくることでしょう。本書はそうした意識を持つ経営者やリーダーへの、「〝働きがいのある会社〟づくりをいっしょに目指していきましょう」という私からのメッセージです。

本書を手に取った方々といつかどこかでめぐりあい、そして、それぞれの企業で取り組んだ、それぞれの「最高の働きがいの創り方」のストーリーをお聞かせいただける日を楽しみにしています。

本書を執筆するにあたって、外部の多くの方々に助けられました。技術評論社の傳智之さんには大変にお世話になりました。本書の準備中いつもほがらかな笑顔で励ましてくださり、また当初予定よりも大幅なページ増も受け入れていただきました。ブックライターの上阪徹さんには、成功話も苦労話も巧みにストーリーを引き出し構成していただきました。岡元利奈子代表はじめとするＧＰＴＷのみなさまには、コンカーの取り組みへの助言や本書の内容のご確認などでご協力をいただきました。株式会社ブライトの三好玲さんには、深い知見から働きがいに関する多くのヒントをいただきました。ここに感謝申し上げます。

社内でも多くの支援がありました。マーケティング本部長の柿野拓さんは、最初に「働きがいのある会社」ランキングへの参加を発案し、また本書のアイデアを技術評論社の傳さんに持ちかけてくれました。２人の出会いが本書発刊のきっかけです。

ＰＲ＆コンテンツマーケティング担当マネージャーの安東知佳さんは、執筆が遅れがちなのにいろいろ盛り込みたがる私のわがままに最後までつきあい、いつも客観的かつ的確なアドバイスをしてくださいました。

コンカーは外資系なのに、これほど自由に制度設計ができる背景には、２０１１年に私を採用した本社社長であり私のメンターであるマイク・エバーハードの存在があります。マイクは来日のたびに「ジャパンの強さはカルチャーと人材だ」と言って、働きがいを高める活動をいつも応援してくれています。

実行面で私は大変に恵まれています。私の〝思いつき〟のようなアイデアをいつも真正面から受け止め、現実の制度に落とし込み、その実行を支えてくれているのがコンカー管理部長の金澤千亜紀さんです。また、金澤さん率いる管理部のみなさんの日々の努力なくして、各種の取り組みはなにひとつ運用できません。

最後になりましたが、本書で紹介した取り組みはコンカーの社員全員が自分たちで会社をよくしたいと考え、主体的に関わってくれているものばかりです。社員のみなさん１人ひとりの献身に、この場を借りて、心からの感謝を申し上げます。

２０１８年９月　三村真宗

三村真宗（みむら・まさむね）

株式会社コンカー代表取締役社長。1993年、慶應義塾大学法学部卒業。同年、日本法人の創業メンバーとしてSAPジャパン株式会社に入社。以後13年間に渡り、BI事業本部長、社長室長、CRM事業本部長、製品マーケティング本部長、戦略製品事業バイスプレジデント等を歴任。2006年、マッキンゼー・アンド・カンパニーに入社し、金融、通信、ハイテク企業等の戦略プロジェクトに従事。2009年、電気自動車インフラ会社であるベタープレイス・ジャパン株式会社において、シニア・バイスプレジデント。2011年10月から現職に就任。

2002年に日経コンピュータ「ITを変える50人」に選出。著書として『新・顧客創造』（ダイヤモンド社、2004年）、『次世代自動車 実用化と普及拡大に向けて』（共著・化学工業日報、2011年）、寄稿など多数。

ブックデザイン	小口翔平＋喜來詩織（tobufune）
DTP・作図	秋山裕之（SeaGrape）
編集協力	上阪 徹
編集	傳 智之

● お問い合わせについて

本書に関するご質問は、FAX、書面、下記のWebサイトの質問用フォームでお願いいたします。

電話での直接のお問い合わせにはお答えできません。あらかじめご了承ください。

ご質問の際には以下を明記してください。

- 書籍名
- 該当ページ
- 返信先(メールアドレス)

ご質問の際に記載いただいた個人情報は質問の返答以外の目的には使用いたしません。
お送りいただいたご質問には、できる限り迅速にお答えするよう努力しておりますが、
お時間をいただくこともございます。
なお、ご質問は本書に記載されている内容に関するもののみとさせていただきます。

● 問い合わせ先

〒162-0846 東京都新宿区市谷左内町21-13
株式会社技術評論社 書籍編集部
「最高の働きがいの創り方」係
FAX ▸ 03-3513-6183
Web ▸ https://gihyo.jp/book/2018/978-4-297-10039-1

最高《さいこう》の働《はたら》きがいの創《つく》り方《かた》

2018年9月22日 初版 第1刷発行
2019年6月25日 初版 第2刷発行

著　者　三村真宗《みむらまさむね》
発行者　片岡巌
発行所　株式会社技術評論社
東京都新宿区市谷左内町21-13
電話 03-3513-6150 販売促進部
03-3513-6166 書籍編集部
印刷・製本　株式会社加藤文明社

ISBN978-4-297-10039-1 C0036 Printed in Japan